W0284979

LES
100
MOTS ET EXPRESSIONS
DE LA LANGUE FRANÇAISE QUI ONT CONQUIS LE MONDE

« Notre langue et nos belles-lettres ont fait
plus de conquêtes que Charlemagne. »
Voltaire, *Correspondance*, 24 août 1750.

À l'origine du verbe « conquérir » vient le latin *conquirere*, « chercher de tous côtés, rassembler ». Oublions la dimension guerrière que prendra le mot « conquête », mais gardons précieusement celui correspondant à la séduction originelle, exercée volontairement ou involontairement et, par conséquent, « cherchons de tous côtés » et « rassemblons ».

Recherchons tout d'abord, en effet, les mots et expressions de la langue française qui se sont installés dans les différentes langues du monde, en constatant au passage que, par proximité géographique et historique, la langue anglaise a été très accueillante. Puis rassemblons ces mots et formules qui font partager des faits, des idées, des attitudes, des expériences ayant d'évidence exercé quelque charme international. Enfin, consignons le tout par thèmes dominants, et voilà le bouquet qu'on peut alors offrir sous la forme d'un livre nourri de citations illustrant l'influence française, riche d'explications historiques et doté, par ailleurs, d'un index facilitant une joyeuse cueillette au choix de nos rencontres linguistiques.

En rassemblant ces fleurs lexicales ayant coloré d'autres langues, c'est tout d'abord un certain art de vivre qui s'est thématiquement imposé, en l'occurrence ce « charme » qu'illustre, par exemple, l'allemand avec

« es ist charmant », c'est charmant, ce « je-ne-sais-quoi » en anglais, le « cordon-bleu » en italien *via* une cuisine où le « sommelier » offre son talent international, sans oublier, entre 100 autres, une formule telle que « c'est la vie », illustrant même un rock and roll de Chuck Berry. Et que dire de ce « à la mode » qui n'oublie pas le « négligé » et de notre séduction bien présente, qu'il s'agisse du « coup de foudre », pour la « femme fatale » ou de l'universel « rendez-vous », repris en japonais. Ou encore – mais faut-il en être fier ? –, du « ménage à trois » solidement installé dans les colonnes de quelques dictionnaires étrangers et témoignant d'un XVIIIe siècle français très libertin. On est également surpris de lire, par exemple ancré dans le bel usage anglais, « pas devant les enfants… ». Ne font pas davantage défaut, bien sûr, les écrits et beaux-arts : le « chef-d'œuvre » a ainsi vocation universelle.
Ensuite, impossible d'oublier l'histoire et le temps qui s'écoule au rythme facétieux du « comme ci, comme ça » ou, selon le mot des Hollandais, « à la minute ». Il faut, d'ailleurs, parfois solidement enquêter pour repérer dans le « san fairy ann » anglais, le français « ça ne fait rien » et dans le « pureataporute » japonais, le « prêt-à-porter ». Enfin, avouons-le, la « chaise longue », en espagnol, en allemand ou en russe nous ravit.
Alors, « en route » et « bon voyage » en langue internationale, loin de toutes frontières. Ce pourrait, de fait, être un dernier « bon mot », mais à dire vrai, pareil périple n'est jamais achevé. « Tant mieux ! »

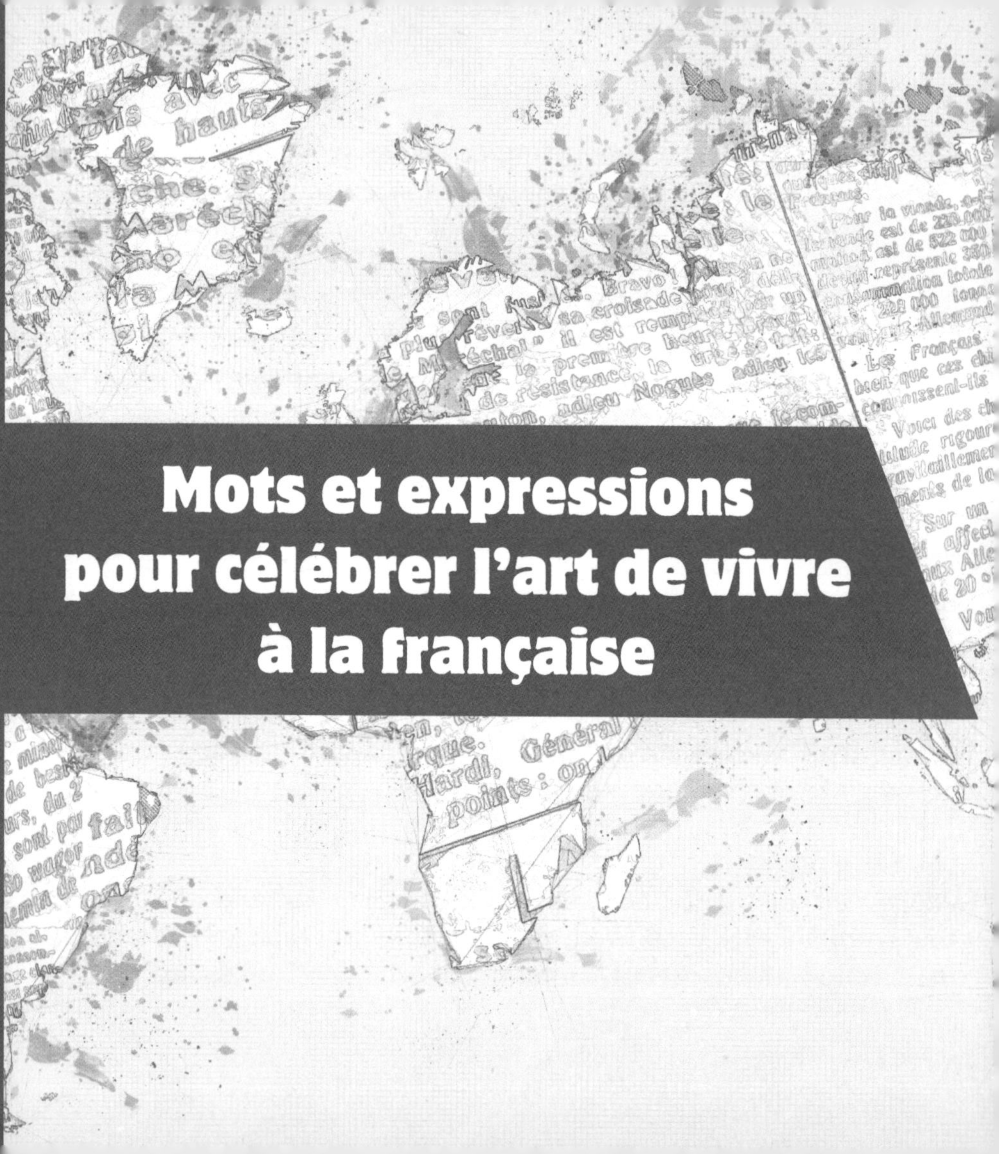

Mots et expressions pour célébrer l'art de vivre à la française

« Depuis cette explosion – du règne de Louis XIV –, la France a continué de donner un théâtre des habits, du goût, des manières, une langue, un nouvel art de vivre et des jouissances inconnues aux États qui l'entourent : sorte d'empire qu'aucun peuple n'a jamais exercé. »

Rivarol, *De l'universalité de la langue française*, 1784.

« Angélique était bien ajustée, et elle fut ravie, car son habit à la française faisait que les sénateurs avaient toujours l'œil sur elle. »

Gérard de Nerval, *Les Filles du feu. Angélique*, 1854.

« An extreme passion, dear Sir, you are so French, so mightily [puissamment] French, so agreeable French. »

William Wycherley, *The Gentleman Dancing-Master*, 1693.

« Permettez que je vous donne un rapide shake-hand à l'anglaise, et, à la française, que je vous embrasse. »

Jean Cocteau, *Poésie critique II*, 1960.

“CHARMANT”

Langue allemande : « Sie lächelte **charmant.** »
Exemple de dictionnaire.
Elle sourit de manière charmante.

Le « charme » ne se discute pas. Une personne « charmante », un lieu « charmant », voilà qui relève d’une forme de « magie ». C’en est de fait l’origine, latine, *carmen*, une formule magique. Ainsi, lorsque le mot « charme » pénètre au XIIe siècle en français, il désigne d’emblée un acte ou même un objet exerçant un pouvoir magique. De là vient le fait d’être « sous le charme » de quelqu’un ou de quelque chose, en espérant qu’il ne soit pas « rompu ». Or, en devenant synonyme de très agréable à regarder ou à fréquenter, ce mot a notamment « charmé » et colonisé l’allemand et l’anglais. « Er ist **charmant** und attraktiv », il est charmant et séduisant, dira-t-on en allemand. Ou encore, de manière moderne : « Das Zimmer ist **super charmant** », la chambre est super charmante… Au Moyen Âge, l’anglais accueillit de son côté le « charme », vite devenu « **charm** », sans oublier l’anglicisé « prince charming ». Et l’on pouvait encore lire dans la presse en 1922 « satin **charmante** for day or evening wear », une charmante soie en satin se portant en journée comme en soirée. Ah, le charme du satin !

“JE-NE-SAIS-QUOI”

Langue anglaise : « There is, besides, an elegance, a **je ne scai quoi**, in your son… »
Samuel Foote, *The Cozeners*, 1778.
Existe, en outre, une élégance, un je-ne-sais-quoi, chez votre fils…

À la fin du XIIIe siècle, se lexicalisait en langue française l’expression « **ne sai quoi** », mieux formulée au début du XVIe siècle en « **je ne scay quoy** », synonyme d’« indéfinissable » à propos de quelqu’un ou de quelque chose. Ainsi figée en tant que nom, la formule s’orthographie parfois avec trois traits d’union, orthographe non retenue par l’Académie française.
En 1656, dans sa *Glossographia*, Thomas Blount signalait déjà la contraction de ces « quatre mots » français empruntés par l’anglais avec le même sens. La formule traversera les siècles avec, par exemple, en 1881, un « **je-ne-sais-quoi** young man », un mystérieux et indéfinissable jeune homme et, en 1894, chez William Schwenck Gilbert, « simply the irresistible fascination of her **je-ne-sais-quoi** », une phrase où presque tous les mots sont d’origine française… À nos amis anglais de prononcer « sais » à l’anglaise – sé-i – signale au XXIe siècle l’*Oxford English Dictionary*.

“PAR EXCELLENCE”

Langue anglaise : « The boat shoe has become a modern classic, a comfort shoe **par excellence**… »
Independent, 27 avril 1992.
La chaussure bateau est devenue un classique moderne, une chaussure confortable par excellence.

Rattachés au latin *excellere*, s'élever au-dessus des autres, où se reconnaissent le préfixe *ex*, au-dehors, et *celsius*, élevé, naissaient au XIIe siècle en français le verbe « exceller » et le substantif « excellence ». En 1524, était ensuite attestée l'expression « par excellence », locution qui passait d'emblée en anglais avec le même sens. Si l'usage premier en fut ***per* excellence**, dès le XVIIe siècle s'imposait la formule française : « Saint Anthony is called *il santo* **par excellence** », lit-on en 1695 dans une lettre du comte de Perth à propos de l'église Saint Anthony.
En anglais comme en français, « par excellence » désignera vite au sens figuré un sommet absolu : ainsi Aristote devint-il le « philosophe par excellence » et la Bible le « livre par excellence ». Tout comme, selon Edgar Alan Poe, « the mathematical » constituera « the reason **par excellence** ». Est-ce discutable ?

“C’EST LA VIE”

Langue anglaise : « C’est la vie, say the old folks,
It goes to show you never can tell. »
Chuck Berry, Song *You never can tell*, 1964.
C’est la vie, disent les anciens, ça prouve qu’on ne sait jamais.

Si dans la sixième chanson de son dixième album, l’auteur-compositeur et interprète Chuck Berry a immortalisé dans un rock and roll célèbre la formule « **c’est la vie** », succès repris ensuite en 1994 dans le film *Pulp Fiction* – palme d’or la même année au Festival de Cannes –, ladite formule avait déjà fait souche en langue française à la fin du XVIIe siècle, à propos d’un fait ou d’un événement auquel il faut se résigner, avec pour équivalent : « c’est ainsi ». Les Anglais empruntèrent avec volupté la formule à la fin du XVIIe siècle et ne cessèrent de lui donner vie ; ainsi, en 2001, à Kevin Sampson de s’exclamer dans *Outlaws* : « Good, while it lasted […], but **c’est la vie**… »
« C’était bon tant que ça a duré, mais c’est la vie… »
Blaise Cendrars appréciait cette formule qu’on retrouve plusieurs fois dans ses romans, une remarque qu’il explicite à sa façon dans *Bourlinguer* en 1948 : « Les journées passaient […] toutes aussi pleines, toutes aussi vides, et l’on ne sait jamais celle qui comptera, sinon on l’arrêterait ! Mais c’est la vie. » En chanson, et avec Chuck Berry, gageons qu’elle peut être joyeuse et rythmée !

“VIVE LA DIFFÉRENCE”

Langue anglaise : « Vive la difference. Tories are recognizably Tories, and Socialists are demonstrably Socialistes. »
The Guardian, 21 avril 1964.
Vive la différence. Les Tories sont de manière reconnaissable Tories, et les Socialistes, démontrablement Socialistes.

De façon facétieuse, la formule française naissait à la fin des années 1940, en étant vite reprise par les anglophones. Ces derniers, comme les Français, l'associèrent d'abord à la « différence » établie entre les femmes et les hommes, mais, en France, elle concerna rapidement la valorisation de toutes différences culturelles. La formule a parfois été aussi publicitaire, comme en témoigne un extrait de *Country Life* du mois d'août 1978 : « The control layout extends Citroën's **vive la différence** attitude » : « la disposition des commandes fait écho à l'attitude *vive la différence* de Citroën. »
Cette expression, appréciée des anglophones cultivés, caractérisant à leurs yeux la France, n'est pas, de fait, vraiment répertoriée en langue française. Il en va ainsi également de la « **Belle France** », que les Anglais d'un certain âge ont en mémoire, alors qu'elle n'a pas de résonances particulières pour un Français. Mais quel plaisir de l'entendre évoquer de la part d'un anglophone !

“SAVOIR-VIVRE”

Langue anglaise : « People with any **savoir vivre** don’t make a fuss about such things. »
George Eliot, *Daniel Deronda*, 1876.
Les personnes ayant quelque savoir-vivre ne font pas un tapage pour pareilles choses.

Attesté en français en 1671, le « savoir-vivre » a d’abord désigné le fait de diriger habilement sa vie dans le monde, avant qu’en 1740, l’Académie française l’assimile à la « connoissance des usages du monde & des égards de politesse, que les hommes se doivent dans la société. » Ainsi dans *Les Origines de la France contemporaine*, Taine met-il en scène un « homme de bonne compagnie, né et élevé dans ce cercle aristocratique où la liberté est complète, mais où le savoir-vivre est suprême, où toute pensée est permise, mais où toute parole est pesée ». La formule française fera souche en Angleterre, mais aussi en Espagne où s’installe son calque le « **saber vivir** ».
Dans une lettre du 27 juin 1755, le paysagiste anglais William Mason affirmait que la France « is remarkable for its **savoir-vivre**, yet [cependant] Germany is the reservoir of solid literature ». Certes, mais William Mason aurait pu rappeler que la France n’a en ce domaine aucun pays à envier… Quel manque de savoir-vivre !

“SAVOIR-FAIRE”

Langue espagnole : « El jurado reconoció el **savoir faire** del director de la película. »
Diccionario de uso del español, María Moliner, XXe siècle.
Le jury reconnaît le savoir-faire du réalisateur du film.

En 1788, dans son roman intitulé *James Wallace*, on doit à Robert Bage une remarque distinctive plaisante : « I have a very great opinion of your **savoir faire**, especially in the articles of sugar and r[h]um, but for your **savoir vivre** – none [aucune] ». Ainsi, le savoir-faire dans un domaine n'est-il pas à confondre avec le « **savoir vivre** », pour lequel l'interlocuteur n'est pas gratifié d'une bonne opinion… Quoi qu'il en soit, ce jugement sans concession rappelle combien la formule française a su conquérir tant l'Espagne que l'Angleterre. Si le savoir-faire fut d'abord cette « habileté » consistant à « faire réussir ce qu'on entreprend » comme le définit l'Académie française en 1694, ce fut rapidement aussi le propre d'une pratique aisée d'un art, d'une discipline, sans exclure l'habileté manuelle ou intellectuelle acquise par l'expérience.
À dire vrai, si la locution française s'est imposée en anglais et en espagnol, les Allemands adoptèrent de leur côté une formule anglaise équivalente, le **know-how**, le « savoir comment ». Le « savoir comment faire », voilà qui ouvrirait un nouveau débat…

DU SAVOIR-FAIRE AU LAISSER-FAIRE…

Construit sur le verbe *faire*, est né le **laisser-faire** dont les origines remontent à Colbert qui se vit répondre par le marchand Legendre « laissez-nous faire », au moment même où il lui demandait comment l'aider. En 1751, le marquis d'Argenson reprendra cette expression affirmant que « laissez faire, telle devrait être la devise de toute puissance publique ». On attribua alors en 1752 à Vincent de Gournay, tenant du libéralisme économique, la maxime devenue célèbre : « **Laisser faire, laisser passer.** » Enfin, en 1843, Constantin Pecqueur, apprécié de Karl Marx, évoquera le « **laisser-faire** industriel et commercial », ajoutant rageusement que « **le laisser-faire,** c'est […] le privilège déguisé d'une minorité ». Il n'en reste pas moins que cette locution, désignant l'attitude consistant à laisser agir les forces en présence, allait conquérir l'Angleterre et l'Espagne, comme en témoigne cet extrait de presse cité dans un dictionnaire espagnol : « La autoregulación para resolver todos los problemas… se acabó el **laisser-faire** », « l'autorégulation pour résoudre tous les problèmes, … c'est fini le laisser-faire ». Quant à Henri Spencer, il évoque en 1873 « a **laissez-faire** that is almost wicked in its indifference », qui est presque méchant dans son indifférence. Le mot fut cependant si prégnant en Angleterre qu'on le retrouve en 1848 dans deux néologismes inexistants en français, les « **laissez-fairists** » et le « **laissez-fairism** ». Il reste à inventer le « savoir-fairisme » !

“JOIE DE VIVRE”

Langue anglaise : « Song is an outlet for any of a bird’s emotions, but chiefly **joie de vivre**. »
Discovery, 1930.
Le chant est un exutoire naturel pour toute émotion chez un oiseau, mais principalement une joie de vivre.

Sans doute née au XVIIe siècle et issue de la réflexion chrétienne de Bossuet et de Fénelon sur le bonheur de vivre dans la foi, la **joie de vivre** s’installera définitivement dans la langue française pour désigner ce que l’Académie française rappelle être un « sentiment de bien-être qu’on éprouve du simple fait d’exister ». En 1884, Émile Zola choisissait *La Joie de vivre* pour titre de son douzième volume des *Rougon-Macquart*, Pauline y incarnant cette façon d’être que les Britanniques ont toujours perçue comme française. L’heureuse expression entrait en anglais au XIXe siècle, et en 1907 dans la *Western Gazette* sera même évoquée « the new **joie de vivre** of motoring », le récent « automobilisme » illustrant alors la liberté. L’on n’ose citer Robert Escarpit de peur d’une méprise, lorsqu’il affirme qu’« on ne sait plus faire de galipettes… J’entends de vraies galipettes de jadis, ces petits gâteaux ronds, dorés et croquants qui donnaient envie de danser chaque fois qu’on en mangeait et rendaient la **joie de vivre** aux plus moroses. » Une recette à retenir.

“BON VIVANT”

Langue anglaise : « The sympathy of **bons vivants** is very lively and sincere towards each other. »
Maria et Lowell Edgeworth, *Practical Education*, 1798.
La sympathie des bons vivants est très vive et sincère les uns envers les autres.

L’expression « c’est un bon vivant » apparaît en 1680 dans le *Dictionnaire françois*, ainsi explicitée par Richelet : « C’est un garçon, ou un homme qui ne prend point de mélancolie, qui ne songe qu’à vivre & à passer le temps agréablement, qui aime à se réjouir sans offenser personne. » Cette définition n’a pas pris une ride même si elle se prête à force extensions comme en témoigne Maupassant dans *Saint-Antoine* en 1883 à propos d’un « bon vivant, joyeux, farceur, puissant mangeur et fort buveur, et vigoureux trousseur de servantes, bien qu’il eût plus de soixante ans ».
Incarnant plus simplement la joie de vivre française, le bon vivant est attesté en anglais dès le XVIIIe siècle, mais on se gardera de suivre lord Byron qui, en 1824 dans son *Don Juan*, évoque une « **bonne vivante** » dont l’estomac « is not her peccant part », sa partie vénale. De fait, conviendrait mieux ici le « **mal vivant** » assimilé en 1718 par l’Académie à une « personne de mauvaise vie ». Une formule restée sans carrière internationale. Tant mieux.

“UN BON MOT”

Langue allemande : « Seine Witze und **Bonmots** gingen von Mund zu Mund. »
Exemple extrait d’un dictionnaire allemand.
Ses blagues et ses bons mots couraient de bouche en bouche.

Qu’il s’agisse de la langue allemande ou anglaise, le « bon mot » y a fait souche, perçu d’emblée comme une spécialité française. Il est même si bien assimilé en allemand que l’adjectif y est soudé au substantif, le **bonmot**, avec pour synonymes allemands les très germaniques *Ausspruch, Wortwitz* ou encore, témoignant de l’influence française, *Pointe, Epigramm*.
Rivarol, jouant de bons mots avec des Hambourgeois et ceux-ci échangeant entre eux pour les comprendre, ne put s’empêcher d’ironiser : « Ils se cotisent pour entendre un bon mot ! » Les Anglais sont tout aussi sensibles aux traits d’esprit : « Await those who have studied their bons mots », « attendez ceux qui ont travaillé leurs **bons mots** », lit-on en 1823 dans le *Don Juan* de lord Byron. « Un bon mot, mais ce peut être tout, un bon mot ! Ce peut être la poésie, l’émotion, le rire, le tragique, la douleur, la bonté, l’amour, toute l’expérience de la vie, tout un caractère, toute une philosophie », rappelle Paul Léautaud en 1926 dans *Le Théâtre de Maurice Boissard*.

DE MOTS EN MOTS

L'origine du « mot » surprend : il est en effet issu du latin *muttum*, un grognement. S'il s'est imposé tout d'abord par une forme négative, « ne son[n]er mot », ne rien dire, il a rapidement pris son envol à travers nombre de tournures, du « bon mot » au « mot pour rire », en passant par le « mot d'ordre » ou « de passe ». Son succès lui fit franchir la Manche pour s'installer dans divers domaines. Par exemple, dans celui de la chasse où il désigna le son d'un cor de chasse : à Walter Scott d'évoquer ainsi en 1867 Ivanhoé faisant sonner « three **mots** on his buggle », trois appels de son bugle. « Mot » et « bon mot » peuvent, par ailleurs, être synonymes comme l'illustre le *Times* du 2 mai 1955 : « Their **mots** start circulating », leurs bons mots commencent à circuler. « Mot » désigna aussi une devise, le *t* étant alors souvent redoublé, ainsi le francophile Orwell fit en 1659 le relevé de « all proverbs, old motts and adages ».
De la même manière, les Allemands retinrent la « pointe » au sens figuré, ce « trait d'esprit » qui, rappelle l'Académie, « à l'image de la flèche, touche au vif l'auditeur ». Or, la pointe d'une épigramme, désignant le trait blessant, réservé au dernier mot, c'est cette « chute » qui fut retenue « die **Pointe** vorwegnehmen », « trahir la chute de l'histoire ». On ne s'étonne pas alors que le mot **Epigramm** fasse partie du vocabulaire allemand, désignant comme en français soit un court poème satirique s'achevant sur une pointe, soit un trait mordant. Il faut se méfier des pointes.

“CORDON-BLEU”

Langue italienne : « Mia sorella è un **cordon-bleu**. »
Exemple extrait d'un dictionnaire italien.
Ma sœur est un cordon-bleu.

« Huit jours après ma déclaration, le roi me gratifia du cordon bleu », rappelle Chateaubriand dans ses *Mémoires d'outre-tombe* publiées en 1848. On devine que ce n'est pas son talent de cuisinier qui est récompensé : il s'agit, en effet, du large ruban bleu arborant la croix de l'ordre du Saint-Esprit, insigne honneur. En 1835, est utilement précisé par l'Académie que « cordon-bleu se dit, figurément et par plaisanterie, d'une cuisinière très habile », ce sens étant apparu en 1814 dans *L'Hermite de la Chaussée d'Antin*.
Personne ne niera que les deux grands pays gastronomiques de l'Europe sont la France et l'Italie. Le « cordon-bleu » ne pouvait donc que se plaire dans la botte italienne. Et parfois, pour garder sa réputation, on triche : « Elle n'était pas très sûre de son cordon-bleu, et elle avait tout fait venir de chez Potel et Chabot. Elle mentait un peu, prétendant que le turbot sauce mousseline lui avait causé du tintouin », souligne Aragon, en 1936, dans *Les Beaux Quartiers*. Une longue expérience est souvent requise pour être « cordon-bleu », si l'on en croit Alexandre Arnoux évoquant en 1960, dans *Zulma l'infidèle*, « une femme d'âge, un cordon-bleu qui tambouille comme pas une ».

“RESTAURANT”

Langue allemande : « Dort ist es leichter ein preiswertes **Restaurant** zu finden. »
Van der Plas, 1989.
Là, il est plus facile de trouver un restaurant bon marché.

De quelque façon qu’on prononce « restaurant », quiconque voyage le comprend, et le mot ouvre grandes les portes des plaisirs gastronomiques. Avec d’emblée, lorsque l’on sait que vous venez de France un sourire complice, hommage sincère à notre renommée culinaire. Le sens moderne du mot est, de fait, récent, puisqu’un « restaurant » n’est encore qu’un « aliment ou remède qui a la vertu de réparer les forces », rappelle Furetière en 1690. Ce n’est, en réalité, qu’au début du XIXe siècle que les « restaurants » deviennent des lieux où prendre plaisir à se restaurer avec des plats choisis. La qualité en fut si appréciée des étrangers que, dès 1821, le mot pénétrait chez nos amis anglais, au point même qu’ils l’adoptèrent pour le « **restaurant car** », entendons le wagon-restaurant. L’Allemagne ne manque pas également d’être séduite, le mot s’imposant y compris pour un restaurant italien : « Heute befindet sich an dieser Stelle ein gemütliches italienisches **Restaurant** », aujourd’hui, à cet endroit, il y a un bon petit restaurant italien, lit-on dans le quotidien *Die Zeit* en janvier 2000.

“À LA CARTE”

Langue allemande : « Die Gäste essen **à la carte**… »
Neue Westfälische, 26 juin 2021.
Les clients mangent à la carte…

La formule « à la carte », permettant de choisir ses mets sur la « carte » d’un restaurant ou d’un traiteur français, par opposition au « menu fixe, à prix fixe », connaît un succès fulgurant au XIXe siècle. « Nous avons un excellent traiteur dans l’hôtel, où l’on mange à la carte, quand et comme on veut », s’exclame Jules Michelet dans son *Journal* en 1830. Attestée dès 1803, déjà évoquée dans la *Gazette de France* du 13 février 1813, la formule sera d’emblée adoptée en Europe. Ainsi en 1826, dans ses *Notes and reflections*, l’Anglais Joseph Moyle Sherer signale-t-il qu’en Allemagne on trouve de confortables appartements offrant « civil attendance, excellent fare [tarif], **à la carte**, at any hour ». La formule s’internationalisera très vite, parfois avec une variante comme en témoigne l’italien **alla carta**. Et en guise d’exemple, dans un dictionnaire espagnol, on lira que l’un des plus grands de la cuisine espagnole « recibió el premio especial de la gastronomía austriaca », a reçu le prix spécial de la gastronomie autrichienne, « que otorga la revista **A la carte** », décerné par le magazine *À la carte*. Assurément, la formule française a du panache !

DE LA CARTE ET DU MENU

« Did you examine the **menu** ? » Avez-vous examiné le menu ? s'interroge en 1837 la comtesse de Blessington dans *Heath's Book of Beauty*. Au choix, **menu degustazione** ou **menu turistico**, lit-on, par ailleurs, sur la carte d'un restaurant italien. Et de son côté, un très bon restaurant allemand propose un **französisches menu**. C'est indéniable : le menu fait partie des lectures essentielles de toute personne entrant dans un restaurant. Sans aller jusqu'à l'attitude évoquée en 1861 par Marmontel dans *Le Philosophe soi-disant*, où il affirme : « Il y a vingt ans que je n'ai lu que la liste de mes vins et le menu de mon souper. »
Pareil mot qui a internationalement conquis la restauration mérite un historique. Son origine peut surprendre, « menu » désignant, en effet, en tant qu'adjectif, ce « qui a peu de volume ». Il en va heureusement autrement du menu, la liste détaillée des mets proposés. Ce sens est, en fait, issu de l'abréviation du « menu détail » qu'offre toute liste et que l'on retrouve dans l'expression « par le menu », dans le détail. On n'imaginait pas, lorsque son sens gastronomique est apparu, attesté en 1718, qu'un si petit mot ferait si grande carrière internationale : « All these restaurants have *prix fixe* **menus** of the day, which are much more reasonable than eating *à la carte* » peut-on ainsi lire dans la revue *Sky* en août 1993. Que tous ces restaurants « aient des menus du jour à *prix fixe*, plus raisonnables que le repas *à la carte* » peut se discuter, mais en rien le pouvoir des mots de la gastronomie, française en l'occurrence.

“BUFFET”

Langue italienne : « Alla fine dell’inaugurazione, ci sarà servizio **buffet**. »
Exemple d’un dictionnaire.
À la fin de l’inauguration sera servi un buffet.

Le « buffet » est peut-être issu de l’onomatopée *bouff* évoquant le souffle d’air produit en le déplaçant. Il entre en langue française dès 1150, en tant que siège assez haut, aisé à déplacer. Dès 1268, comme en témoigne plus tard Richelet en 1680 dans son *Dictionnaire françois*, il s’agit d’une « table qu’on met dans les salles à manger, où l’on étale la vaisselle d’argent lorsqu’on est prest à dîner ou à souper ». Cette définition évoluera ensuite pour correspondre à celle donnée en 1835 par l’Académie française : « Il se dit également, dans les bals et dans quelques autres assemblées, d’une table où sont des mets, des vins, des liqueurs rafraîchissantes, et dont s’approchent ceux qui veulent boire ou manger. » Ainsi retrouvera-t-on en italien le **buffet** en tant que crédence ou le **buffet all’americana** pour désigner celui où les invités restent debout. Viendront aussi en Angleterre au XIXe siècle le **buffet-party** et **buffet-supper**, ou encore dans une revue de 1888, une **buffet tea table** destinée à une quarantaine d’invités… « Pour tous les goûts » propose un auteur de mots croisés pour faire deviner le « buffet » !

“SOMMELIER”

Langue anglaise : « The **sommelier** or butler, who runs from table to table, laden with bottles. »

Harper's Magazine, avril 1889.

Le sommelier ou majordome, qui court de table en table, chargé de bouteilles.

Quel rapport y a-t-il entre la « bête de somme » et le « sommelier », responsable des vins dans un restaurant ? En fait, issu du latin *sauma*, une charge, la « somme » s'illustre au XIIe siècle avec la « bête de somme » portant de lourds fardeaux. Qui s'en occupait ? Le sommelier. Sa charge fut cependant vite diversifiée, comme en témoigne le sommelier des nappes de la reine. Puis, rappelle en 1694 l'Académie française, le sommelier fut l'officier ayant « en sa charge, le linge, la vaisselle, le pain & le vin, & qui a soin du fruit, des compotes, des salades, & des liqueurs ». Cependant, en aidant aussi l'échanson qui servait à boire aux princes, la restauration se développant, il devint le spécialiste des vins. Le mot fit souche en Angleterre, proche du « butler », au nom issu du « bouteiller ». Les Allemands firent à leur tour état du sommelier comme l'illustre *Die Zeit* en février 2004 : « Der charmante **Sommelier** schafft es Abend für Abend, die köstlichsten Weine anzupreisen », le charmant sommelier parvient à faire l'éloge des vins les plus délicieux soir après soir. Sommelière ou sommelier, conseillez-nous.

"GARÇON"

Langue anglaise : « Georges, the **garçon**, was serving drinks to a couple of officials… »
Elliot Paul, *A Narrow Street*, 1942.
Georges, le garçon, servait des boissons à quelques fonctionnaires.

À l'origine du mot « garçon », il y a sans doute le francique *wrakjo*, vagabond, devenant d'abord au XIe siècle le « garçun », jeune homme de basse condition, souvent valet de cuisine, désignant aussi implicitement un enfant de sexe masculin. Il fallut attendre 1750 pour que le « garçon » soit par ailleurs assimilé à un serveur, par abréviation de « garçon de café » ou « d'hôtel », un sens qui allait perdurer : « Deux tartines beurrées et vingt-cinq centimes pour le pourboire du garçon », écrira ainsi en 1946 Prévert, dans son recueil poétique *Paroles*. Le mot était de nature voyageuse : on le retrouve dès la fin du XVIIIe siècle en Angleterre. Les tables de marbre sont partout dans le théâtre « and **garçons** are at hand to anticipate the wishes of the company », et les garçons à portée de main pour prévenir les désirs de la compagnie, signale Hugh Foot en 1820 dans *Company to Theaters*. Quant à la langue allemande, elle n'est pas davantage en reste : « Ich sagte zu dem **Garçon**, dass viel Bier in Paris getrunken », j'ai dit au garçon qu'on boit beaucoup de bière à Paris. Quel compliment venant de la part d'un Allemand !

QUELQUES FONCTIONS D'HIER

Issu du grec *paidion*, petit garçon, ou du latin *pagere*, convenir, ou encore de *pagus*, la campagne originelle, le mot **page** entre en anglais au XIVe siècle. « Many **pages** were youths of high rank », est-il précisé dans l'*Oxford English Dictionary*, ces jeunes de haut rang étant en effet placés auprès des rois et reines dans le cadre de leur éducation. Aujourd'hui, notamment aux États-Unis, subsiste le *page* en tant que jeune employé par un tribunal ou une instance nationale pour rendre différents services pratiques.

Le mot **laquais**, désignant autrefois un jeune valet à pied ou juché à l'arrière d'un carrosse, aux ordres de son maître ou de sa maîtresse, a pour origine le grec médiéval *oulakès*, un « coureur » à pied. En 1789, dans un récit de voyage, Thicknesse semble être le premier Anglais à user du « **laquais de place**, who is paid », payé de fait en tant que serviteur temporaire au cours de la visite d'un Britannique dans une ville étrangère, le mot et l'usage en étant aujourd'hui obsolètes.

Quant au mot français « valet », issu du latin de Gaule *vassus*, serviteur, il entre en anglais au XIVe siècle pour y faire longue carrière. Charles Ier, dans une lettre de 1646, évoquera ainsi le **valet de chambre** et, en 1856, on lira dans *Psychological Inquiries* de Benjamin Collins Brodie que « the rich man's **valet** » étudie le tempérament et les caprices de son maître. D'où, au reste, le proverbe français connu des Anglais : « Aucun homme n'est un héros pour son valet… »

“BON APPÉTIT”

Langue anglaise : « We wandered in the park, being bitten by gnats… and there was no need to wish them **Bon appetit** ! »
Elizabeth Gaskell, *Letter*, 1860.

Nous nous sommes promenés dans le Parc, mordus [piqués] par des moucherons [moustiques], et il n’y avait pas besoin de leur souhaiter Bon appétit !

« **Buon appetito** », disent volontiers les Italiens à leurs invités avant la première bouchée d’un bon repas. D’origine française, la formule « Bon appétit ! » a, de fait, conquis l’Angleterre, mais aussi l’Italie qui l’a adaptée à sa langue. Elle serait apparue en français au XVIIe siècle, attestée en 1668 dans la fable de La Fontaine, *Le Renard et la Cigogne* : « Bon appétit surtout : renards n’en manquent point. » Encore s’agit-il ici de marquer un solide désir de bonne nourriture. Issu du latin *appetitus,* le mot *appétit* est apparu au XIIe siècle en désignant prioritairement, comme en latin, un vif désir au sens large. D’où l’« appétit insatiable des honneurs » évoqué dès 1694 par l’Académie française. Malgré son usage courant, d’aucuns affirment que dire « bon appétit ! » serait souhaiter une bonne digestion, et donc supposer qu’il va y en avoir besoin ! Quoi qu’il en soit « **Appetit** kommt mit dem Essen », dira-t-on en Allemagne comme en France : l’appétit vient en mangeant… Qu’il soit assouvi.

“SPÉCIALITÉ DU CHEF”

Langue italienne : « Nel menù, la cotoletta alla milanese, **spécialité du chef**. »

Menu italien.

Au menu, l’escalope milanaise, spécialité du chef.

Plus souvent transcrite en italien en tant que **specialità dello chef**, la formule « spécialité du chef » fait partie des expressions qui ont fait souche dans diverses langues. À la fin du XIXᵉ siècle, s’installe ainsi en anglais la **spécialité de la maison**, désignant un plat, ce qu’illustre en 2005 le *Sydney Morning Herald* avec « enjoy the **spécialité de la maison** of cassoulet », ou bien encore un domaine privilégié : « Modern art comes from Paris. It is the **spécialité de la maison** », ce qui vient de Paris séduit assurément, est-il assuré dans *The Freeman* en 1921. Quant au « chef », issu du latin *caput*, la tête, attesté ainsi dès le IXᵉ siècle, il désigne déjà dès 1172 la personne jouissant d’un pouvoir militaire ou politique. En 1740 apparaît le « chef de cuisine », repris dans l’usage anglais. Dans une lettre de 1798, miss Berry évoque « an old german **chef de cuisine** to lord Barrington ». De fait, la réputation française est telle que Harriet Grote dans une autre lettre signale en 1842 qu’elle arrive à Londres avec « a french **chef de cuisine** from Paris, as security ». Assurer la sécurité culinaire avec un Français ! On n’est jamais trop prudent.

“APÉRITIF”

Langue allemande : « Ein **Aperitif** wird vor dem Essen gereicht, um die Verdauung anzukurbeln und **Appetit** zu machen. »
Bild, 28 mars 2003.
Un apéritif est servi avant le repas pour stimuler la digestion et aiguiser l’appétit.

On peut être surpris par la définition offerte en 1680 du mot « apéritif » dans le *Dictionnaire françois* : « Qui fait uriner. » Et Furetière en 1690 d’évoquer un « terme de médecine, qui se dit des remèdes qui ouvrent les pores, & ostent l’obstruction des passages des humeurs », citant au passage le « clystère apéritif ». On est heureux que l’apéritif ait pris un sens plus festif… Il faut attendre le XIXe siècle pour que l’« apéritif » stimule enfin l’appétit, et c’est avec ce sens qu’il passera en anglais. Le *Daily Telegraph* de mars 1894 témoignera ensuite d’un nouvel usage, plaisant : « They sipped their **aperitifs** tranquilly », ils sirotèrent tranquillement leurs apéritifs. Avant le repas ou après le bain ? Dans le *Graphic* du 12 janvier 1929, on découvre, en effet, que le prince George bénéficia d’un « after-the-bath **aperitif** » ! On préfère, par ailleurs, les **aperitivi** italiens à ce que propose *Die Welt am Sonntag* du 16 juin 2019 : « Zum **Aperitif** est heissen Apfelweine aus Campingtassen » : un cidre chaud dans des tasses de camping. Une autre fois, merci.

“HORS-D’ŒUVRE”

Langue anglaise : « Try’d all **hors-d’œuvres**, all liqueurs defin’d, judicious drank, and greatly daring din’d. »
Alexander Pope, *The New Dunciad*, 1742.
Ai essayé tous les hors-d’œuvre, toutes les liqueurs définies, bu judicieusement et dîné fort audacieusement.

Lorsque s’installe au XIVe siècle le mot français « hors-d’œuvre », il qualifia tout d’abord une personne « incapable d’œuvrer », puis ce qui est en saillie d’un bâtiment, hors de l’œuvre et pouvant donc être retranché sans nuire à l’ensemble. D’où l’idée d’un supplément accessoire. À Littré, en 1873, d’en rappeler la définition culinaire : « Mets tels que radis, beurre, anchois, etc., servis après potage et pendant le premier service (ainsi dits, parce que, originairement, ils ne faisaient pas partie de l’ordre régulier dans lequel les plats principaux étaient rangés). » Les Anglais s’emparèrent aussitôt du mot, y compris au sens figuré : « Art and literature were for him the **hors-d’œuvres** of life », préliminaires de la vie, écrit Lockhart en 1877 dans *Mine is Thine*. Dans le même élan, vinrent au XIXe les amuse-gueules, servis avant un repas, plus décemment dits « amuse-bouches » au XXe siècle, cette formule étant reprise en anglais comme l’illustre en 1990 la revue *Great Hospitality* : « As soon as we sat down, we were brought little **amuse-bouches**. » Sitôt assis, nous sont apportés les petits amuse-bouches. Appétit garanti.

“PIÈCE DE RÉSISTANCE”

Langue anglaise : « Roast fowl usually appeared as the **piece de resistance** on the noon-day Sabbath menu. »
American Mercury, février 1927.
La volaille rôtie apparaissait généralement comme pièce de résistance sur le menu du sabbat du midi.

Issu du gaulois *pettia*, petit morceau, le mot « pièce » entrait en langue française au XIe siècle et, rapidement, il était fait état de « pièces de pain ou de viande ». En 1694, dans le *Dictionnaire de l'Académie française*, est par ailleurs signalé qu'« on apelle *pièce de four, pièce de pâtisserie*, la pluspart de la pâtisserie ». Mme de Sévigné évoque de son côté une « pièce de bœuf », déjà appelée une « pièce de résistance », définissant un imposant plat de viande. Les deux formules désigneraient ensuite au sens figuré un article de fond sur l'actualité. Les Anglais retinrent l'acception culinaire dès le XVIIIe siècle, mais aussi le sens figuré toujours en usage quoique rare. Ainsi, lit-on dans l'*Independent on Sunday* du 8 avril 2007 que « the **piece de resistance** is a huge wooden box full of placebo drugs », une énorme boîte en bois pleine de médicaments placebo. Le « plat de résistance » est davantage en usage aujourd'hui en langue française que la « pièce de résistance ». L'un ou l'autre reste néanmoins un plat de choix.

QUELQUES PLATS…

« Un beau dîner contient des **pièces de résistance** et les **hors-d'œuvre** », insiste Baudelaire à propos du Salon de peinture de 1846. Les deux mots étant à prendre au sens figuré, comme savent aussi en user les Britanniques. Ces derniers peuvent également faire usage de la langue française pour créer une marque avec notamment, fondée en 1986, la chaîne de restauration **Pret à manger**. S'ouvrait ainsi en 2012 le premier « Pret à manger » britannique sur le sol français… À dire vrai, la langue française jouant un rôle valorisant dans toute restauration, il suffit de consulter hors frontières des menus pour constater à quel point de nombreux plats en portent la trace. Ainsi, en Italie, peut-on déguster un « **vol au vent** con crema di patate », mot déjà attesté en italien en 1855. Rappelons que le vol-au-vent désigne une entrée formée d'un moule de pâte feuilletée garni de viande ou de poisson, et de champignons. Attesté en 1800 en français, il tient son nom de la légèreté de sa pâte qui « vole au vent ». La recette fera aussi fureur en Angleterre : « Entrees, **vol au vent, a la financier**, young chickens » est-il proposé dans le *Washington Star* en 1857. Avec John Creasey, à défaut de poulet, est servi « the duck, the **petit pois**, tiny new potatoes », le canard aux petits pois – au pluriel en français – et des pommes de terre nouvelles. Et si l'on rejoint le Vietnam se rencontre un plat qui surprend, l'**atisô**, mot arabe adopté en français pour devenir l'« artichaut ». De Bretagne ou du Vietnam.

“FOIE GRAS”

Langue espagnole : « Es el primer productor mundial de **foie gras**, aunque la mayor parte de este producto se consume en el país. » *Clarin*, 3 février 2006.

C’est le premier producteur mondial de foie gras, bien que la majeure partie de ce produit soit consommée dans le pays [la France].

« **Foie gras** für die Feiertage », foie gras pour les fêtes, disent les Allemands. « El célebre **foie gras** francés », lit-on en espagnol. « Si può ottenere la stessa quantità di **foie gras** con questo sistema più umano e civile », la même quantité de foie gras peut être obtenue avec ce système plus humain et civilisé, écrit-on en Italie dans le *Mondo Cane*. Quant aux Britanniques, à la romancière anglaise Ouida de décrire en 1865, dans *Strathmore*, « the host and the guests cutting into a **foie gras** », l’hôte et les invités coupant un foie gras…
« Les foies de certains animaux servent de mets. […] Pâté de foies, de canards, de foies gras », précise l’Académie en 1835. Ce sont les Égyptiens qui découvrirent combien les oies et les canards constituant des réserves avant leur migration avaient le foie gras. De longue tradition française, s’est, de fait, pratiqué le gavage des oies, avant la production industrielle des années 1980. La France restant le premier pays producteur et le premier consommateur. Non sans une réflexion grandissante quant à la souffrance animale.

“MAYONNAISE”

Langue japonaise : « Ran wa **mayonnaise** de dasa re masu. »
Extrait d’un commentaire culinaire japonais.
L’œuf est servi avec de la mayonnaise.

La « mayonnaise » perturbe les historiens : son origine est discutée. Au début du XXe siècle, Ferdinand Brunot fixait la naissance du mot en 1756, date de la prise de Port-Mahon par le maréchal de Richelieu. Au soir de la victoire, son cuisinier ne disposant que de quelques œufs et d’huile aurait alors créé cette sauce composée de jaunes d’œuf battus avec de l’huile, baptisée sur-le-champ « mahonnaise », ce que signale Littré. Bescherelle y voyait plutôt la déformation de l’expression « à la bayonnaise », une façon d’accommoder des œufs avec du jambon de Bayonne. Enfin, Pierre Guiraud rattachait la mayonnaise à l’ancien français *mailler*, battre. Quoi qu’il en soit, « à la mayonnaise » étant attesté en 1807, ladite sauce serait grande conquérante hors frontières, parfois en parallèle avec l’**aïoli**, comme l’illustre, en 1923, William J. Locke dans *Moordius & Co* : « Aioli. It is the national sauce of Provence, **mayonnaise** made with pounded garlic. » Et le quotidien allemand *Die Zeit* du 14 juin 2010 d’évoquer « eine Renaissance für die gute alte Mayonnaise », pour la mayonnaise à l’ancienne. Sans oublier l’italien **maionese** et l’espagnol **mayonesa**. Aucun doute la mayonnaise a bien pris.

“DESSERT”

Langue allemande : « Und beim **Dessert,** lese ich… »
Die Zeit, 14 août 2000.
Et pendant le dessert, je lis…

L’origine même du mot « dessert » indique sa place dans un repas traditionnel : issu, en effet, de la « desserte », terme attesté en 1393 et désignant le dernier service du repas. Le « dessert » – le masculin prenant la relève au XVIe siècle – sera à terme défini par Littré comme représentant le « dernier service d’un repas composé de fromage, de confitures et de pâtisserie ».
Dès 1600, les gastronomes anglais sont conquis, et comme l’affirme William King, « the **Desert** graces all the feast », même amputé d’un *s*, le dessert embellit toute fête. Il en sera de même de l’Allemagne : « Sie sind so alt, das man fürchten muss, sie erleben das **Dessert** nicht mehr », ils sont si vieux qu’il faut craindre qu’ils ne vivent pas assez longtemps pour voir le dessert, lit-on avec effroi dans *Die Zeit* en novembre 1985. Et quoi qu’il en soit, il faut imaginer un dessert céleste, comme l’avance le chanteur italien Fabrizio De André : « Se credessi en Dio, crederei che la vita ci prometta un celestiale **dessert** dopo un orribile pasto » : si je croyais en Dieu, je croirais que la vie nous promet un dessert céleste après un repas horrible… Soit, mais un bon repas terrestre reste aussi possible !

DU DESSERT AVEC OU SANS FROMAGE…

Le dessert a failli disparaître… La définition qui en est en effet donnée en 1694, dans la première édition du *Dictionnaire de l'Académie française*, est explicite à cet égard : « Dessert. Le fruit & tout ce qu'on a accoustumé de servir à table avec le fruit. […] Il vieillit, & les gens polis disent Le fruit ». Il sera même ajouté dans l'édition de 1718 : « À la Cour, on dit Le fruit. Et c'est le bel usage. » Il faut attendre 1835 pour que la définition soit sensiblement élargie : « Ce qu'on sert, ce qui se mange à la fin du repas, comme le fruit, le fromage, les confitures, la pâtisserie, etc. […] Manger une poire, du fromage à son dessert. » De quoi alimenter la conversation entre la poire et le fromage en rappelant la formule crue de Brillat-Savarin : « Un dessert sans fromage est une belle à qui il manque un œil. » D'autant plus que dans l'édition du XXIe siècle, on ne fait plus état du fromage, l'usage moderne dissociant généralement le fromage du dessert réservé aux mets sucrés. Ainsi ne mêlera-t-on plus le **bleu-cheese**, selon la formule anglaise propre à ce fromage typiquement français, et les **petits-fours**. Au XVIIIe siècle, les « petits-fours » étaient effectivement entrés dans la langue anglaise et on lira dans le *Country Life* du 19 décembre 2002 que « every night the maids left a selection of **petits-fours** ». Chaque nuit ? Quelle générosité pour ces douceurs !
R. Lespagnol, verbicruciste au *Monde* a la juste formule pour faire deviner « dessert » : « douceur des mets. » *D'aimer* par exemple le fromage blanc à la crème de marron. Dessert ou fromage ?

“CRÈME BRÛLÉE”

Langue italienne : « Creme brulè come dessert è bella a vedersi. »
Film *Il matrimonio del mio migliore amico*, 1997.
Crème brûlée en dessert, elle est belle à regarder.

Ils sont peu nombreux les mots d’origine gauloise qui ont survécu aux conquêtes latines, hormis les noms de lieux. Le mot « crème » en fait partie, passant par le bas latin *crama* croisé avec *chrisma*, issu du grec *khrisma*, huile, onction. Belles origines pour la *cresme*, celle-ci étant attestée dès le XIIe siècle. Partie la plus grasse du lait, elle est propice à bien des mets, dont la « crème brûlée » qui s’installe en anglais au XIXe siècle, la recette en étant constamment redonnée, comme en témoigne, en 1959, cet extrait de *The Listener* : « To make the **crème brulée,** take 1 pint of double cream, 6 oz of caster sugar, 4 egg yolks and vanilla essence. » Consulter un dictionnaire anglais, c’est rencontrer force crèmes : des gouttes ou « drops of **crème de citron** », « grenadine and **crème de cacao** », « **crème de menthe** frappée », mais aussi « the fine **crème de riz** », « meringues with **crème Chantilly** », « sweet **crème caramel** ». « The girls don’t want to eat any more **crème renversée** », écrit Saki en 1912 évoquant des jeunes filles rassasiées. Existe aussi « the **crême de la crême** », dans l’orthographe anglaise ici aléatoire. Enfin, rendons hommage à l’excellente **custard sauce**, la « crème anglaise » !

“BAIN-MARIE”

Langue anglaise : « I baked these individual cranberry clafoutis in custard cups set in a **bain-marie**. »
Martha Stewart, *Quick Cook Menus*, 1988.
J'ai cuit ces clafoutis individuels aux canneberges dans des ramequins mis au bain-marie.

« *Crème* au bain-marie dite *crème renversée* », peut-on lire dans des recettes françaises, autant de mots retrouvés tels quels en anglais. Dès 1878, la recette du clafoutis offerte par Adeline Whitney dans *Just How* y fait ainsi référence : « Cut up, boil and mash in a **bain-marie** », couper, faire bouillir et écraser. Puis déguster… La définition offerte par Furetière en 1690 du « bain-marie » n'est cependant en rien alléchante : « Bain Marie, que quelques-uns nomment en latin *Balneum Maria* […], quand on met la cucurbite dans de l'eau chaude », la cucurbite étant le récipient des alchimistes recueillant « les matières qu'on veut distiller ».
On est heureux que la **crème renversée**, anglaise ou française, ne passe plus par la cucurbite. Pourquoi Marie ? La formule apparaît en français au XIVe siècle en tant que terme de l'alchimie : ce serait un hommage à Marie la Juive, alchimiste de l'Antiquité parfois assimilée à Myriam, la sœur de Moïse, qui aurait inventé le procédé. La cuisine est une alchimie, à la recherche de l'or des palais.

“MARRON GLACÉ”

Langue italienne : « L’altra mano prende un **marron glacé** ; la bocca si apre, il **marron glacé** scompare. »
Alfredo Panzini, *Io cerco moglie*, 1920.
L’autre main prend un marron glacé ; la bouche s’ouvre, le marron glacé disparaît.

« Un dindon farci de saucisses ou de marrons de Lyon », signale en 1825 Brillat-Savarin dans son ouvrage majeur la *Physiologie du goût*. Évoquer Lyon rappelle que le mot même de « marron » pourrait être d’origine lyonnaise, issu d’un radical préroman *marr* désignant un caillou, d’où le petit fruit du châtaignier ainsi appelé. L’origine en est cependant probablement l’Italie, puis il aurait rapidement gagné la région lyonnaise. Quant au marron glacé, châtaigne confite dans un sirop de sucre, puis enrobée de sucre glace, Pierre de La Varenne affirme être le premier à avoir fait cuire lesdites châtaignes avec du sucre, à la cour de Louis XIV. D’autres le font naître à Lyon au XVIe siècle, mais qu’il soit né à Coni dans le Piémont ne fait aucun doute pour nos amis italiens. Quoi qu’il en soit, un marron glacé ne se refuse jamais. Et l’exemple offert dans un dictionnaire italien sonne juste : « Beh, ame non piacciono tutti i dolci ma un buon **marron glacé**… » Eh bien, je n’aime pas tous les bonbons, mais un bon marron glacé… Ne se refuse pas.

“BAGUETTE”

Langue espagnole : « Hoy comeré una **baguette** con jamón… »
Exemple extrait d'un dictionnaire espagnol.
Aujourd'hui, je vais manger une baguette avec du jambon…

En novembre 2020, la baguette de pain était inscrite au patrimoine mondial. Symbole international d'un art de vivre à la française… pour les uns, elle remonte à Napoléon, les boulangers l'ayant inventée pour entrer aisément dans les poches des soldats ; pour les autres, ce serait le boulanger autrichien August Zang qui l'aurait importée de Vienne à Paris en 1839. Ou encore, pour éviter les batailles de chantier au couteau entre Bretons et Auvergnats, on aurait imaginé la baguette facile à rompre, sans lame. En fait, son succès a reposé sur sa cuisson rapide, offrant aux citadins du pain frais et croustillant. « Il rentre déjeuner la baguette à la main », ainsi caricature-t-on en 1980 le Français. Bâton mince, propice aux moulures, ou magique, la baguette entre en anglais vers 1580, prenant au XXe siècle sa belle saveur : « I sent her for a **demi-baguette,** she came back with a half loaf of **pain de campagne** », envoyée pour une baguette, revenue avec une miche, constate en 1970 Grosvenor dans *Vibration Cooking*. « Una **baguette** con camembert et burro. Ne ho mangiati quattro al giorno » déclare un acteur italien. Même pour un Français, quatre baguettes par jour, c'est impressionnant !

“CROISSANT”

Langue italienne : « Viveamo d’amor e di **croissants** stantii… »
Film *Luna di fiele*, 1992.
Nous vivions d’amour et de croissants rassis…

« Croissant : Forme qu’a la nouvelle lune […]. Il se dit aussi, en termes de pâtisserie d’une sorte de petit pain feuilleté au beurre, à forme recourbée », signale-t-on en 1935 dans le *Dictionnaire de l’Académie*. La désignation même du croissant trempé dans le café respecte bien sa forme, celle de la lune en son premier quartier. Le mot même de « croissant » tient, en effet, à ce moment où, « croissant » dans le ciel nocturne, l’astre prend cette forme particulière. En 1080, le « croissant » appliqué à la lune l’était aussi à toute forme similaire. Les Anglais furent séduits : « Turned round like a **croissant** or new moon », tourné comme un croissant ou une nouvelle lune, est-il dit en 1589 à propos d’une plante. Lorsqu’en 1863 est attesté en français le croissant croustillant, son succès persiste : à Rose Macaulay de décrire, par exemple, en 1928 dans *Keeping up Appearances*, un « foaming coffee and milk », un café au lait moussant, assorti d’un « tender **croissant** », tendre à souhait. « Prendiamo un **croissant**. Questa piccola ghiottoneria », prenons un croissant, cette petite délicatesse… est-il, par ailleurs, précisé dans un dictionnaire italien. Avec un cappuccino ?

DE L'ORIGINE DES CROISSANTS ET DE LA BRIOCHE

Si l'analogie établie entre le croissant du petit déjeuner et la lune nouvelle est explicite, il n'en reste pas moins que cette pâtisserie très appréciée dans nombre de pays, qu'elle soit au beurre ou fourrée, a défrayé la chronique quant à son origine historique. La version la plus répandue est celle qui fait de Vienne la patrie du croissant. Ce petit gâteau appelé *Hornschen,* « petite corne » en allemand, fut en effet à l'étalage de tous les boulangers de Vienne pour commémorer la victoire des Viennois contre les Turcs tentant de prendre la ville lors du siège de 1683. Un boulanger, Adam Spiel, par définition levé dès l'aurore, sut, en effet, donner l'alerte à temps et, pour honorer cette victoire rendue possible grâce à un des leurs, tous les boulangers confectionnèrent ce gâteau en forme de croissant, l'emblème de l'Empire turc, ainsi broyé par les mâchoires viennoises ! En 1837, s'ouvrait la Boulangerie viennoise à Paris, et les **hornschen** furent imités. À dire vrai, le croissant représentant la « viennoiserie » française si connue résulte du remplacement de la pâte briochée par une pâte feuilletée, de belle tradition nationale. Quant à la **brioche**, mot issu d'une variante normande du verbe « broyer », *brier*, elle connut aussi un beau succès en Angleterre. En 1826 dans *Our village*, M. R. Mitford évoque « the merits of **brioche**, and eau de groseille ». Pendant qu'en Allemagne, on apprécie « ein kleines [petite] **Brioche** ». « Laekker **brioche** », délicieuse brioche, diront de leur côté les Danois. Et les Italiens « una deliziosa **brioche** ». La salive monte à la bouche.

“CHAMPAGNE BRUT, FRAPPÉ”

Langue espagnole : « La velada trancurrió entre copas de **champagne** y el show musical. »
Extrait de presse, 2007.
La soirée s'est passée entre les coupes de champagne et le spectacle musical.

Issu du latin populaire *campania*, campagne, la « champagne » représente d'abord depuis le XIIe siècle une plaine crayeuse, telle que la champagne de Saintonge ou bien, mondialement connue, la Champagne portant de beaux vignobles à l'est de l'Île-de-France. Ainsi, en 1580, dans la *Chronique* du roi Edouard VI, sont évoqués mille chevaux, « 1 000 horses Imperial in Champagne » et, trois siècles plus tard, la notoriété du vin de champagne étant établie, l'esprit anglais peut pétiller comme une coupe de champagne : « His wit sparkles like a **champagne cup** », du **brut champagne,** lit-on en 1829 dans l'*Edinburgh Literary Journal*. De fait, en 1789, Arthur Young signalait déjà dans son *Journal* de grands vignerons, à la recherche du « greatest wine-farmer in all Champagne ». « A **champagne** donato, non si guarda in coppa », le champagne étant donné, vous ne regardez pas dans la coupe, disent les Italiens. **Champagne frappé** pour les Allemands, **frappé de champán** en Espagne, **shampein prafé** en Corée, les mots sont parfois déformés, mais la boisson ainsi glacée ne manque jamais de panache.

“À LA MODE”

Langue anglaise : « We were **à la mode**, that year,
because we were something piquant, something new. »
Angela Carter, *Wise Children*, 1991.

Nous étions à la mode cette année-là, parce que nous étions quelque chose de piquant, de nouveau.

« Mode, Coutume, la manière de vivre, de faire les choses. Toutes les nations ont des modes, des manières de vivre différentes. Se dit aussi de tout ce qui change selon les temps, & les lieux. [...] Se dit plus particulièrement des manières de s'habiller, suivant l'usage à la Cour », rappelle Furetière en 1690. Et d'ajouter que « Les François changent tous les jours de mode. Les estrangers suivent la mode des François, à la réserve des Espagnols, qui ne changent jamais de mode. » Même si, s'agissant de l'Espagne, il n'en est plus rien. L'influence française s'est imposée au point que la formule « à la mode » apparue au XVe siècle fut d'abord reprise en anglais en un mot, **alamode**, avant d'être dissociée : « Hair was waterfalled **à la mode** », les cheveux tombant en cascade, lit-on en 1865 dans le *Harper's Magazine*. Ajoutons-y « the dish », l'assiette « of tripes **à la mode du pays** » ou, en 1865, dans *Wives & Daughters*, « a sister **à la mode de Bretagne** », c'est-à-dire assimilant les parents éloignés à de proches cousins. Une mode généreuse.

"TOILETTE"

Langue italienne : « Non pensavoi di dover spendere tante energie vitali e litigare su che **toilette** devo usare. »
Lotta, Exemple du *Wikidizonario*.
Je ne pensais pas que j'aurais à dépenser autant d'énergie vitale à discuter des toilettes que je devrais utiliser.

À l'origine et de manière perceptible, une « toilette », mot attesté en 1352, correspond tout simplement à une petite « toile qu'on estend sur une table pour y mettre le déshabillé, & les hardes de nuit, comme le peignoir, les peignes, le bonnet », signale l'Académie française en 1694 dans la première édition de son dictionnaire. Il est, par ailleurs, précisé que la toilette peut être « une pièce d'estoffe de velours, de brocard, & bordée de dentelle ou de frange, avec laquelle on couvre le déshabillé ». En vérité, de la toile initiale enveloppant les vêtements, toile déposée sur un meuble, au meuble lui-même et aux accessoires nécessaires pour s'apprêter, jusqu'à l'ensemble des vêtements et accessoires servant à la parure – sens seulement attesté en 1676 –, sans oublier le « brin de toilette » surgissant en 1800, le mot « toilette », avec son pluriel utilisé par euphémisme, est devenu un terme-clé du quotidien. **Toilet** en anglais, mais en toutes lettres en italien, en allemand et en espagnol, cette « petite toile » a décidément fait carrière internationale.

DE « TOILET » À « LA TOILETTE »

« His **toilet** equipment includes two gold picktooth », son équipement de toilette comporte deux cure-dents en or, lit-on en 1651 dans les *Memoirs of the Verney Family*, le mot français étant repris en anglais dans son premier sens. D'emblée, la « toilette » s'installe dans un contexte luxueux prêt à s'élargir à la tenue vestimentaire ; dès 1687, Lovell évoque dans une traduction « a chal which is a kind of **toilet** of very fine wool ». Ce châle, sorte de toilette de laine très fine, annonce ainsi ce qui sera décrit dans le *Sharpe's London Magazine* de 1868 : « an evening **toilet** dress of mauve silk », une robe de toilette du soir en soie mauve. Quant au pluriel français devenant le « toilet room », il fait déjà partie du vocabulaire anglais au XIXe siècle. C'est ce dernier sens que retient l'Allemagne, tantôt au singulier tantôt au pluriel : « Die **Toiletten** befinden sich eine Treppe tiefer », les toilettes sont situées en contrebas de l'escalier. Le même sens a été retenu en Italie élargi au meuble de toilette et à la salle de bains. Un pays si attentif à l'élégance se devait aussi d'offrir au mot sa dimension vestimentaire, ainsi présentée dans le *Dizionario di Italiano* : « Abbigliamento particolarmente elegante, sopratutto femminile » c'est-à-dire « vêtements particulièrement élégants surtout pour les femmes ». Aux Goncourt d'évoquer alors, dans *Madame Gervaisais*, « une grande femme, aux blondes anglaises [...], à la toilette excentrique », qui « déboucha sur la galerie ». En vérité, qu'importe sa nationalité, pourvu que s'exerce le charme de sa toilette.

“EAU DE TOILETTE”

Langue anglaise : « The house aftershave balm and **eau de toilette** soothe sensitive faces. »
Los Angeles Magazine, 2003.
Le baume après rasage maison et l’eau de toilette apaisent les visages.

À la différence des véritables parfums riches de 20 à 40 % d’huiles essentielles, aromatiques, ou encore de l’« eau de parfum » qui en contient entre 13 et 22 %, l’« eau de toilette » se présente comme un parfum peu concentré, pas plus de 12 %. En vérité, l’eau de toilette tient son nom du fait qu’elle fut d’abord conçue pour procéder à la toilette, palliant l’absence d’eau courante par l’usage de linges imbibés d’alcool et de parfum. Dans le sillage de la Renaissance, c’est sous Louis XIII que cette pratique prit son essor. Quant à l’eau de Cologne, créée par Jean-Marie Farina à Cologne au début du XVIIIe siècle, elle désigne une catégorie de parfums contenant entre 4 et 6 % d’essences. Le succès français de l’eau de toilette et de l’eau de Cologne serait international. Ainsi peut-on lire, par exemple, en italien, à propos d’un parfum, qu’il est composé « essenziale dell’**eau de Cologne** e dell’**eau de toilette** ». Et dans le quotidien allemand, *Berliner Zeitung* du 13 mai 1995, est conseillé « ein Parfüm oder [ou une] **Eau de Toilette** hinter die Ohrer », derrière les oreilles. Arme certaine de séduction !

“COUTURE”

Langue allemande : « Oh, Sie habe ja eine fabelhaste Auswahl an **Couture**. »
Sous-titrage en allemand du film *Pushing Daisies*, 2007.
Oh, vous disposez d’une fabuleuse sélection en matière de couture.

Du latin populaire *co(n)sutura*, issu du verbe *consuere*, coudre, est né au Xe siècle la *custurae*, puis la « couture », « assemblage de deux choses qui se fait avec le fil & l’aiguille », selon la définition de l’Académie française en 1694. On doit à Rose Bertin, « ministre des modes » de Marie-Antoinette, une première libération de la mode puis, en 1857, à l’Anglais Charles Frederick Worth la première maison de « Haute Couture » à Paris. Naîtraient ensuite nombre de grands couturiers français, conférant à la formule une stature internationale, *Haute couture* est même le titre d’un essai de Florence Delay consacré à cet art chez le peintre espagnol Zurbarán. « Couture » et « haute couture » séduiraient entre autres les Anglais, les Allemands et les Hollandais. Ainsi, en 1934, dans *Balletomania*, Arnold Haskell évoque les Sakharoff à travers leur « costume school, the triumph of the **haute couture** ». Quant aux Allemands, ils ajouteront « der **Haute Couturier** » à leur vocabulaire pour désigner ces créateurs de talent. Chapeau bas à ces derniers !

“PRÊT-À-PORTER”

Langue japonaise : « puretaporute [prêt-à-porter] no fuku o kaitai desu. »

Phrase exemple, didactique.

Je veux acheter des vêtements de prêt-à-porter.

Il est parfois difficile de repérer un mot français déformé dans une autre langue. Ainsi comme d’autres mots japonais issus du français, se distinguent la **ōto kuchūru** désignant la « haute couture », et le **puretaporute** correspondant à la manière de prononcer « prêt-à-porter ». Le repérage est, certes, plus facile en anglais comme l’illustre « Jewellerey and **prêt-à-porter** clothes », bijoux et prêt-à-porter, lu en 1957 dans l’hebdomadaire *Punch*. Le « prêt-à-porter » français franchissait vite les frontières, la formule n’étant en réalité attestée en français que depuis 1951. Il s’agit en vérité d’un calque de l’anglais « ready-to-wear ». On retrouve aussi le mot en hongrois, « A **prêt-à-porter** ruhákat tömeggyártással állítják elő », les vêtements de prêt-à-porter sont produits en série. « Haute couture » et « prêt-à-porter » sont complémentaires et ont, au reste, parfois un sens figuré comme en témoigne cet extrait de presse française de 1982, à propos « des stylistes italiens » de l’automobile, « qui représentent toujours la haute couture automobile ». Des maîtres qui ne dédaignent pas le prêt-à-porter.

“TAILLEUR”

Langue italienne : « Era la Donna. Adorabile con indosso qualsiasi cosa : un **tailleur**, un vestitino nero, un abito da sera. »
Gilles Jacob, *zu Isabella Faceva*, 2020.
Elle était la Femme. Adorable, en portant n'importe quoi : un tailleur, une petite robe noire, une robe de soirée.

Du verbe *tailler*, issu du latin populaire *taliare*, trancher, est né vers 1180 le *tailleor*, bientôt le « tailleur », le sculpteur et l'artisan taillant et façonnant les habits. Le « tailleur pour dames » prit progressivement de l'importance et, attesté en 1895, apparaissait le « costume (de) tailleur », désignant le costume féminin ajusté, composé d'une jaquette et d'une jupe de même étoffe. Par ellipse, il devenait vers 1900 le « tailleur », et la mode du pantalon féminin étant établie, dès 1964, surgissait le « tailleur pantalon », mot qui comme le « tailleur » s'installait en Italie. « La madre di Elisabeth porta un **tailleur pantalone** » relève-t-on en 1998 dans le *Dizonario* de Michèle Fourment. En 1899, dans la *Westminster Gazette*, on pouvait déjà lire que le vêtement chic d'Eton, « the natty Eton », remplaçait « the coat [la jaquette] in the **costume tailleur** ». Et du côté allemand, dans le *Süddeutsche Zeitung* de mars 1996 on signale les « zu weite Ärmel unter modernen **Tailleurs** », les manches trop larges des tailleurs à la mode… Vite, « tailler » dans le tissu…

“PANTALON”

Langue japonaise : « Watashi wa **pantaron** wo haite, odori ni iku tame ni akai pantsu wo kimasu. »
Extrait d’un échange internet.
Je porterai un pantalon rouge pour aller danser.

Au XVIe siècle, un personnage de la comédie italienne au costume marquant, Pantalone… voilà l’origine du « pantalon ». D’abord sobriquet propre aux Vénitiens, souvent ainsi prénommés par référence au patron de la ville, San Pantaleone, le bouffon Pantalon était vêtu, selon la définition donnée en 1694 par l’Académie française, d’un « habit tout d’une pièce […] depuis le col jusqu’aux pieds », le pantalon désignant aussi déjà « un caleçon tout d’une pièce avec les bas ». De l’analogie avec les chausses, une par jambe, est née la « paire de pantalons » et l’usage fréquent mais inutile du pluriel dans différentes langues. Le pantalon connut, par ailleurs, bien des modes telle, dès 1970, celle des « pattes d’éléphant » issues de la marine américaine. Le **pantalón** en Espagne, **pantaloni** en Italie, au Japon le **pantaron**, qui y désigne surtout celui à pattes d’éléphant porté par les dames, illustrent le succès universel du mot. Tout comme celui du **pyjama** – du persan *paij*, jambe, et *jamah*, vêtement – d’abord indien, puis anglais, **pajama** en japonais, **pigiama** en italien, **pijama** en espagnol ! Jambes nues s’abstenir !

“DÉSHABILLÉ”

Langue anglaise : « She wore a **deshabille** of mignonette-green silk and a bead-diapererd head-dress. »

Ronald Firbank, *Valmouth*, 1919.

Elle portait un déshabillé de soie vert mignonnette et une coiffe perlée.

Attesté en 1627, un « déshabillé » est ainsi défini par Furetière en 1690 : « une toilette, robe de chambre… dont on se sert, quand on est dans son particulier », ajoutant que c’est aussi « un habit de couleur que les femmes portent chez elles [...] opposé aux habits noirs qu’elles portent, quand elles vont faire des visites ». D’emblée apprécié à l’étranger, le mot prit vite une connotation libertine, comme l’illustre la mignonnette évoquée par Firbank, entendons une dentelle à réseau fin. « Essere in **déshabillé** », être en déshabillé disent les Italiens, sans oublier un **négligé**, mot tout aussi présent en anglais, *Vogue* l’évoquant ainsi en 1940 : « The **negligés** here are perfectly lovely, beautiful **lingerie** », ici les négligés sont adorables, belle lingerie assurément. Ajoutons-y le **bustier** et le **décolleté** en langue italienne, mais aussi anglaise. Et en 1937, dans *Taste & Fashion,* à l’Anglais James Laver d’ajouter que « a considerable proportion of young women will be **décolleté**, for **décolletage** is a powerful weapon », nombre de jeunes femmes sont en décolleté, le « décolletage » étant une arme puissante. On ne prendra pas parti.

“BIJOU”

Langue italienne : « Pollo arrosto con patatine e questo minestrone che è veramente un **bijou**. »
Gian Burrasca, film de Pier Francesco Pingitore, 1982.
Poulet rôti avec des frites, et ce minestrone qui est vraiment un bijou.

Parure de luxe ; mais aussi élégante demeure ; personne exquise ; jeune fille de petite noblesse hébergée à la Salpêtrière au XVIIe siècle ; très familièrement, organe sexuel ; restes des restaurants naguère revendus : le mot « bijou » ne manque pas de sens figurés ! Issu du breton *bizou* au XVe siècle, désignant l'anneau pour le doigt – *biz* en breton –, le bijou est d'abord défini en 1690 par Furetière comme « ce qu'on donne ordinairement aux femmes, ou aux enfants pour les divertir ou les parer », évoquant, par ailleurs, une dame portant « des bijoux de prix, garnis de diamants ». Et d'ajouter que l'on dit d'« une femme jeune & belle, que c'est un petit bijou ». Ce mot si riche de sens franchirait vite les frontières. Ainsi en est-il de l'allemand : « Du, mein geliebtes Kind, mein **Bijou** », toi, mon enfant chéri, mon bijou… Ou encore de Walpole écrivant en 1747 qu'il va se retirer « in a little new farm. This little rural **bijou** was Mrs Chenvix's », une petite ferme, véritable joyau de Mme Chenvix. Parure, manoir ou enfant chéri, autant de précieux bijoux ! Sans oublier chats et chiens ainsi appelés. Un bijou n'a pas de prix !

DE LA BIJOUTERIE ET DE LA JOAILLERIE

La « bijoterie », mot attesté en français au XIVe siècle, désigna d'abord les objets de valeur avant de devenir au début du XVIIIe siècle la bijouterie en tant que commerce de bijoux et de pierres précieuses. Quant au « bijoutier », il n'est encore, rappelle l'Académie en 1694, que celui « qui aime, qui cherche, qui amasse des bijoux ». En revanche, depuis le XIVe siècle, le « joaillier », est bien l'« ouvrier qui travaille en joyaux, ou qui les vend ». D'où vient alors le « joaillier », à l'origine du mot « joaillerie », qui passera en anglais en devenant la **jewelry** ? De l'ancien français *j(o)uel* désignant un ornement, une pierre précieuse, sans doute issu du latin *jocus*, passe-temps, cadeau ou ce qui provoque la joie. La « bijouterie », assimilée au commerce, et la « joaillerie », avec ses maîtres, franchissaient nos frontières, un peu déformées, mais très reconnaissables. En allemand, au pluriel près, la bijouterie restait intacte : « Das Kreisgericht weist einen Mann aus, der in zwei **Bijouterien** eingebrochen ist », le tribunal de district expulse un homme entré par effraction dans deux bijouteries, lit-on dans le *Sankt Galler Tagblatt* du 5 juin 2020. En espagnol la bijouterie devient **bisuteria**, en polonais **bizuteria** et **bjjuterii** en roumain. Enfin, à Patrizia Sandretto en 2022 à propos d'une exposition, d'illustrer les deux mots issus du français en italien : « Sono **gioielli** fantasia, vale a dire **bigiotteria** la cui storia mi ha appassionata », il s'agit de joaillerie de fantaisie, c'est-à-dire des bijoux de fantaisie dont l'histoire m'a particulièrement fascinée. Ces mots sont des bijoux !

“BOUTIQUE”

Langue russe : « Akupila plat’ye v **butike**. »
Conversation russe.
J’ai acheté une robe dans une boutique.

Grâce à la renommée des produits français appréciés dans maints pays, attesté en 1242 et désignant d’emblée cet « endroit où les Marchands & les Artisans estalent & vendent leurs marchandises » – selon la définition offerte par l’Académie française en 1694 –, le mot « boutique » se retrouve dans de nombreuses autres langues à l’identique ou déformé. Ainsi existe-t-il tel quel en espagnol et en anglais, mais sous deux formes en allemand, **butike** depuis le XVe siècle en tant que petite échoppe de commerce varié, et **boutique** depuis les années 1950, en tant que magasin réservé aux vêtements de la mode : « Eröffnet Chanel eine neue **Boutique** », Chanel ouvre une nouvelle boutique, signale *Der Standard* du 8 juillet 2015. D’autres langues comme le russe ont aussi adopté le mot, et on dira par exemple **botiga** en catalan, **butik** en danois, norvégien et suédois. L’étymologie du mot surprend : il vient du grec *apothêkê*, lieu de dépôt, à l’origine de l’« apothicaire », qui, par abréviation, a donné « botica » en ancien provençal, puis « boutique » en français. Beau chemin de l’apothicaire à la boutique ! Il est vrai qu’un beau vêtement est une sorte de remède réservé au bien-être.

“RENDEZ-VOUS”

Langue allemande : « Er hat heute ein **Rendezvous** mit ihr. »
Exemple du *Deutsche Wortschatz*.
Il a aujourd’hui rendez-vous avec elle.

Pris dans l’absolu, « rendez-vous » pourrait signifier « rendez les armes ». En vérité, le rendez-vous relève de l’abréviation d’un impératif précis, « rendez-vous à tel endroit » qui, substantivé, devint, attesté en 1578, un « rendez-vous ». D’abord, militairement adressé aux troupes pour un « rendez-vous » en un lieu et un temps précis, il fit vite souche en anglais : « He proclaimed the **Rendez-vous** at Sora, for his Soldiers », écrit ainsi en 1600 Philemon Holland. Dès le XVIIe, le rendez-vous devint, selon la formule de Richelet en 1680, le « lieu où se rencontrent des personnes », mais aussi l’« assignation que se donnent un amant et une maîtresse pour se rencontrer », l’exemple étant plaisamment précis : « Sa maîtresse lui a donné rendez-vous à 7 heures du soir au Luxembourg » ! Et en 1608, à Edward Grimeston de s’exclamer à cet égard que Paris est « the **rendez-vous** of the greatest miracles », des plus grands miracles… Il est d’abord « amoureux », le **rendez-vous** anglais ou le **rendebu** japonais. Et tout récemment est né le « **rendez-vous** im Weltraum », dans l’espace, déjà intégré en allemand. Il ne reste plus qu’à programmer le rendez-vous spatial amoureux.

“MADEMOISELLE”

Langue anglaise : « You could see that Pierre did truly love the **mademoiselle**, And now the young monsieur and madame have rung the chapel bell. »
Chuck Berry, Song *You never can tell*, 1964.

Vous pouviez constater que Pierre aimait vraiment la mademoiselle, Et maintenant les jeunes monsieur et madame ont sonné la cloche de l’église.

Repris par Chuck Berry dans une chanson composée à partir d’un souvenir personnel, le mot français « mademoiselle » a pris en anglais un charme distinct de celui d’antan : « **Mademoiselle** Title of Honour given to the Daughters and Wives of born Gentlemen », titre des filles et épouses des Gentlemen, écrit, en effet, Edwards Phillips en 1658. Ce n’est que récemment en fait qu’une demoiselle est perçue comme célibataire. Au XVIIe, on évoque encore « Mademoiselle Molière, épouse du poète » et, en 1841, Balzac met toujours en scène « un respectable bourgeois et sa femme, Mlle Lecamus ». Et la *Grande Mademoiselle* restera toute sa vie la fille du frère de Louis XIII. Néanmoins, la notion de femme célibataire l’emporterait progressivement, même si le mot reste porteur d’un respect certain, que l’on retrouve avec **mademoazel** en japonais, **Madamisela** en espagnol, **Madamigella** et **Mademoiselle** en italien. Dans tous les cas, un mot très doux à l’oreille.

« MADEMOISELLE », MUSIQUE ET HAUTE COUTURE

Si la « Grande Mademoiselle » s'est illustrée en Europe, « La Petite Mademoiselle » fut aussi de belle notoriété en 1879 en tant qu'opéra-comique écrit par Halévy et Meilhac. Au charme dépassant les frontières, la « Petite Mademoiselle » était assurément délicieuse. De fait, « Mademoiselle » rayonne dans bien des chansons : « Oh, Mademoiselle Lise, on va danser », chante ainsi Gilbert Bécaud en 1966, franc succès d'alors. Et aucun historien n'a oublié la chanson *Mademoiselle from Armentières*, hommage d'un soldat britannique à une Armentiéroise, et chanson très cotée des Anglais pendant la Première Guerre mondiale. Au point que Line Renaud la reprit en 1952, chantant celle qui « accepta d'épouser un colonel anglais », « Mademoiselle from Armentières, **parlez-vous** ? Never been kissed for twenty years. » De fait, dès 1754, **parlez-vous** ou **parleyvoo**, sous-entendu « français ? » désigne joliment la langue française.

Enfin, s'impose Coco Chanel, symbole de l'élégance française, presque toujours appelée Mademoiselle Chanel ou Mademoiselle, à l'instar de nos grandes actrices, même mariées. En 2001, était, par ailleurs, créé le très conquérant parfum « Coco Mademoiselle ». Faut-il ajouter que « Madame » a aussi franchi les océans : « Sore wa meiyo, **Madamu** shachō desu », c'est un honneur, Madame la présidente, est-il ainsi dit en japonais, **Madamu** représentant une dame d'un statut social élevé et d'un certain âge. « His **fiancée** was not yet twenty », sa fiancée n'avait pas encore 20 ans, lit-on dans le magazine *Temple Bar*, en 1891. Mademoiselle bientôt Madame ?

“COUP DE FOUDRE”

Langue allemande : « Wenn Liebe wie ein Blitz, ein **coup de foudre**, einschlägt, wirkt das wie der Einbruch einer höheren Macht. »
Dietrich Schwanitz, *Männer*, 2001.
Quand l’amour frappe comme la foudre, un coup de foudre, il semble être l’intrusion d’une puissance supérieure.

« Quand ce favori apprit la nouvelle de sa disgrâce, ce fut un coup de foudre qui l’abattit », écrit Furetière en 1690. Contrairement au sens immédiatement perçu aujourd’hui, le « coup de foudre », attesté en 1642, n’est pas d’emblée dû à Cupidon, mais désigne d’abord ce qu’en 1873, Littré signale encore comme « un événement désastreux ». Cependant, dès la fin du XVIIIe siècle il désigne aussi la soudaine passion, le « coup de foudre » s’installant alors en allemand et en anglais. « **Coup de foudre**. French phrases frequent in English use », précise l’actuel *Oxford English Dictionary* consignant par exemple ce sentiment éprouvé devant une « femme fatale »… « She really is the original overproof **femme fatale** », elle en est vraiment le prototype, écrit Ngaio Marsh en 1967 dans *Death at the Dolphin*. Porte-t-elle « a large **Bouquet** of jewels ? » interroge William Montagu dans une lettre de 1717. Une femme fatale a-t-elle vraiment besoin d’un bouquet de bijoux ?

“OSÉ”

Langue italienne : « Era une scena un po **osé** e giravamo in una stanza piccolissima, piena di gente che mi guarada. »
Gloria Guida, *Intervista*, 2022.

C’était une scène un peu osée et nous tournions dans une toute petite pièce pleine de gens qui me regardaient.

« Qui sera assez osé pour luy resister ? » tel est l’exemple offert en 1690 pour l’adjectif « osé » dans le *Dictionnaire universel*. Issu du latin *audare*, avoir de l’audace et de son participe passé *ausus*, l’adjectif ne cesse de définir depuis 1150 un type d’audace : « Un homme a été assez osé pour déclarer son amour à la reine », signale Edmond About dans *La Grèce contemporaine* en 1854. Peu à peu, « osé » qualifia une liberté prise par rapport aux convenances, mais aussi une hardiesse toute libertine, à la frontière de l’érotisme. Ainsi affranchi, le mot entrait en Italie d’où, au reste, était venue en 1547 la « bagatelle », tour de bateleur et chose légère et, vers 1690, par extension, un amusement galant. Dès 1647 le mot passait en anglais et Jonathan Swift de s’exclamer en 1732, à défaut de règle : « All for want of my rule, vive la bagatelle ! » glorifiant l’interjection française. « **Bagatell** ! […] und seine kleinen Augen funkelten », et ses petits yeux pétillèrent, écrit en allemand Louise Otto-Peters en 1846. Ce qui est osé ferait-il pétiller les yeux ?

“MÉNAGE À TROIS”

Langue anglaise : « An elderly gallant who understands how little she cares for her husband, and proposes a **ménage à trois** to her. » Bernard Shaw, *Quintessence of Ibsenism*, 1891.

Un galant âgé, qui comprend combien elle prend peu soin de son mari, lui propose un ménage à trois.

Que cette formule, un « ménage à trois », fasse pleinement partie du vocabulaire britannique surprend, cette expression n’ayant pas vraiment fait souche en français. Il faut pourtant se souvenir que le 10 octobre 1843, eut lieu à Paris la première représentation d’un opéra-comique imaginé par Eugène de Planard et intitulé *Mina ou le Ménage à trois*, opéra recueillant un franc succès, au point d’être cité en 1853 dans diverses revues anglaises. Et l’immédiat succès britannique de l’expression s’illustrera au sens propre comme au sens figuré. Ainsi, dans le *Times* du 28 décembre 1958, est-il évoqué un « happy **ménage à trois** – the errant wife, the lover and the unsuspecting husband », la femme volage, l’amant et le mari confiant, pendant que dans *No Colours or Crest*, P. Kemp évoque dans le même temps « that curious **ménage à trois**, the Anglo-American honeymoon with Russia ». Se retrouve aussi la formule en italien. Quant à Gide, en 1911, il est tout étonné de constater que, dans un nid de son jardin, vit un « ménage à trois » de pinsons…

“VOYEUR”

Langue italienne : « Il fotografo è un **voyeur**, uno a cui piace guardare ; ma non gli basta guardare, vuilo possedere… »
Entretien avec Paolo Monti, photographe italien (1908-1982).
Le photographe est un voyeur, quelqu'un qui aime regarder, mais il ne lui suffit pas de regarder, il veut posséder…

Que depuis 1740 le « voyeur » soit une personne animée par la curiosité, et la « voyeuse » un siège d'où bien « voir » une partie de cartes, n'étonne pas. Il en va autrement du succès international du sens nouveau installé en 1883 dans *Le Pavé, croquis parisiens* par Richepin assimilant le voyeur à quelqu'un épiant les ébats érotiques d'autrui. Ainsi, en parallèle au *scopophiliac*, les Britanniques évoquent-ils dès 1889 le « voyeur » tel que Rayner Heppenstall en use en 1960 signalant que Gill « was a bit of a scopophiliac, a **voyeur** », Gill était un peu scopophile, un voyeur… De fait, le mot sera repris tel quel en italien, espagnol, portugais, danois, suédois, etc. Quelle formule, certes pas nécessairement liée à l'érotisme, est en usage en anglais, comme l'illustre Leslie Poles Hartley en 1955 dans À *Perfect Woman* ? « There's something I want to say to you. **Mais pas devant les enfants**, he went on heavily », il y a quelque chose que je veux vous dire. *Mais pas devant les enfants*, insista-t-il lourdement… Enfants à épargner absolument !

“AFFAIRE”

Langue espagnole : « El fondo del **affaire** no es baladí : se trató de destruir la credibilidad de un diplomático. »
La Vanguardia, 19 juillet 2005.
Le fond de l'affaire n'est pas anodin : elle a tenté de détruire la crédibilité d'un diplomate.

« Ce que l'on a *à faire* », telle est l'origine du mot « affaire », attesté en 1150. Deux décennies plus tard, il s'agit déjà de ce que l'on fait et de la situation présente, d'où ce qui concerne particulièrement une ou plusieurs personnes. Le mot franchirait la Manche vers 1300 avec l'anglais *afere* rejoignant bientôt l'orthographe française. Dans ses *Notes sur Paris*, en 1868, Taine évoque « les affaires de Bourse et les affaires de cœur ». « You and she had an **affaire de cœur !** » peut toujours écrire en 1956 Angus Wilson dans *Anglo-Saxon Attitudes*, la formule ayant gagné l'Angleterre dès le XVIIIe siècle. Ce qui n'empêche pas l'existence du synonyme « love affair ». Attention, « to propose an **affair** », c'est suggérer une liaison amoureuse… Enfin, dans le quotidien espagnol *El País* du 30 juin 2008, on lira que « esta semana figura el **affaire** amoroso que Julian mantiene con una joven a través del chat », et donc que cette semaine, il y a bien l'histoire d'amour que Julian entretient avec une jeune femme à travers le clavardage (québécisme). L'affaire est-elle sérieuse ?

“UN BAISER”

Langue allemande : « Wenn Sie unbedingt noch was zum Naschen Brauchen, dann bitte **Baisers** – die enthalten zwar viel Zucker, aber wenigstens kein Fette. »
Bild, 27 décembre 2001.

Si vous avez absolument besoin de quelque chose à grignoter, alors s'il vous plaît des **meringues** – elles contiennent beaucoup de sucre, mais au moins pas de graisse.

La traduction du mot allemand « baiser », issu du français, se prête à quelque méprise. Ainsi, lire dans le *Berliner Zeitung* du 2 février 1996, « 1927 schuf er den Rouge **baiser** », signifiant « En 1927, il crée la Rouge meringue » peut étonner. En vérité, issu du latin *basiare*, embrasser, le « baiser » est bien depuis le XIe siècle celui offert ou reçu avec la bouche, « baiser de paix, d'amitié, chaste, ou baiser amoureux », comme le signale l'Académie française en 1694. Il faut aussi se souvenir qu'en Belgique, partant de Malmedy en Wallonie, un « baiser » désigne une meringue double. Ce baiser pâtissier fut inventé au XIXe siècle par Rodolph Wiertz, cuisinier à l'Hôtel International de Spa, puis pâtissier à Malmedy. C'est par analogie avec la soudure des deux meringues par une crème au beurre, rappelant deux bouches s'embrassant, qu'il fut appelé « baiser ». Attention, un baiser peut en cacher un autre.

“VOULEZ-VOUS COUCHER AVEC MOI ?”

Langue anglaise : « Creole Lady Marmalade **Voulez-vous coucher avec moi ce soir** ? He savored her cool. »
Patti LaBelle, *Lady Marmalade*, 1974.
Creole Lady Marmalade Voulez-vous coucher avec moi ce soir ? Il savourait sa fraîcheur.

En 1974, l'Américaine Patti LaBelle est numéro 1 avec une chanson intronisée au Grammy Hall, y répétant à l'envi cette invitation directe : « Voulez-vous coucher avec moi ce soir ? » Ce succès international sera repris en 2001 par Pink, Christina Aguilera, Lil'Kim dans la bande originale du grand film *Moulin Rouge*. En 1921, dans *Three Soldiers*, John Dos Passos avait déjà retenu « Voulay vous couchay aveck moy », que Cumming corrigera dans son poème *La Guerre, IV*. Tennesse Williams y ajoutera « ce soir » en 1947. Aux Américains de préciser aujourd'hui à propos des Français que « Their approach is more nuanced », leur approche est plus nuancée, en citant l'invitation à venir admirer quelques estampes japonaises… Quant au succès de ABBA, « Voulez-vous », il illustre en 1979 toute la délicatesse suédoise. Rappelons aussi que Diderot dans *Ceci n'est pas un conte* fait dire à Mlle Lachaux « Docteur […] Voulez-vous coucher avec moi ? […] mais vous voulez être aimé, et c'est ce que je ne saurais. » Les sentiments d'abord.

“BROCHURE”

Langue italienne : « *Un'attrice di straordinaria bravura* [...].
Io leggo nelle **brochure** dei film che faccio... »
Intervista a Guia Jelo, 26 avril 2018.

Une actrice d'un talent extraordinaire [...]. Je l'ai lu dans les brochures des films que je réalise.

« Petit ouvrage de peu de feuilles, qui n'est pas relié [...], seulement broché », précise l'Académie en 1718 à propos de la « brochure », mot issu du verbe « brocher », coudre, au moyen de fils passés dans la marge intérieure des feuilles. Attesté au XIVe siècle, il passait tel quel en italien, en anglais et en espagnol. « Impreso de caracter informativo o propagandistico », imprimé destiné à l'information ou à la propagande, dit la Real Academia Española. « I have to issue highly coloured travel **brochures** with a photo of myself on an elephant », j'ai pour les distribuer des brochures de voyage très colorées avec une photo de moi sur un éléphant, écrit Paul Scott en 1974 dans *Alien Sky*. Sans oublier en italien : « c'è scritto nei **depliant** turistici », c'est écrit dans les dépliants touristiques, ou Giovanni Rocca évoquant en 2018 un « **dossier** compromettenti ». Et Darwin de signaler en 1868 qu'Engelman « has offered me **clichés** of the woodcuts », lui a offert des clichés de gravures sur bois. De quoi nourrir dossiers et brochures.

“BEAUX-ARTS”

Langue anglaise : « So are made the belles-lettres and the **beaux-arts** and their professors. »
Henri David Thoreau, *Walden or Life in the Woods*, 1854.
Ainsi sont faits les belles-lettres et les beaux-arts et leurs professeurs.

« Fine arts », dirent d’abord les Anglais avant d’adopter au XVIIe siècle la formule française « beaux-arts », au point de la transposer en Italie : « Went to the top of the tower to see the view of all Venice ; next the Academy of **beaux-arts** », suis allée au sommet de la tour pour voir tout Venise ; puis l’Académie des beaux-arts, écrit ainsi dans son *Journal* l’Irlandaise Martha Wilmot. Avec assurément maints « chefs-d’œuvre » en vue, ce dernier mot, attesté en 1268 en français, puis emprunté au XVIIIe siècle par les Anglais : « This town-house which passes for a **chef d’œuvre**… », cette maison de ville passant pour un chef-d’œuvre, signale ainsi en 1726 John Breval dans *Remarks on Several Parts of Europe*. Repérons également le calque italien « capodòpera », où se repèrent *capo*, le chef, *opera*, l’œuvre, et sans hésiter seront évoqués « dei soffitti a **trompe l’œil** », des plafonds en trompe-l’œil. Et depuis 1700, les Anglais usent de la formule « the **tout ensemble** », pour évoquer l’effet général d’une œuvre : « There must be what painters call an agreement of the **Tout ensemble**. » En art, tout se tient en effet.

LE RAYONNEMENT INTERNATIONAL DES BEAUX-ARTS

Que la formule *beaux-arts* soit née sous Louis XIV n'étonne pas. Elle se repère en effet en 1661 chez La Fontaine, même si elle n'entre dans nos dictionnaires qu'au siècle suivant. Voltaire exalte ainsi le « goût des beaux-arts », en ce siècle des Lumières qui a irradié l'Europe entière. Un peu plus tard, en offrant une majuscule à l'initiale des deux mots qui les composent, voilà les *Beaux-Arts* rayonnant à Paris, dans une école supérieure fondée en 1817, juste un an après l'*Académie des beaux-arts*. Aux *Beaux-Arts*, on enseigne jusqu'en 1968 la peinture, la sculpture, la gravure et l'architecture, pour ensuite offrir davantage encore au monde entier.

C'est par bouquets que les mots des beaux-arts ont parcouru l'Europe et franchi mers et océans qu'il s'agisse en Russie du **mouzeï**, le musée, ou de l'**architecture** à Londres. À l'Italie et à la Suède d'adopter le **vernissage** d'une exposition de peinture, pendant qu'avec l'accent anglais on admirera « a beautiful **portrait** » d'une lady, dans une **art gallery**, par un **artist** renommé, autant de mots anglais issus du français à l'orthographe près. Tout comme le **pigment** d'une toile, le **realism** d'une **ceramic**, mots anglais issus du français. Enlever le *e* d'**impressionnisme**, de **classicisme** ou de **surréalisme**, et on retrouve ces courants artistiques outre-Manche et outre-Atlantique. « L'art, c'est le plus court chemin de l'homme à l'homme », affirmait Malraux. C'est bien souvent qu'il passe par la langue française pour irriguer les cinq continents.

“CHANSON”

Langue japonaise : « Karera wa ryōhō tomo **shanson** o takusan kikimasu. »
Exemple de didactique des langues.
Ils écoutent tous deux beaucoup de chansons.

En 2008, un des sous-titrages allemands du film de Klapisch, *Paris*, est explicite : « Paris ist [est] Chanson. » Et de fait, en allemand comme en d’autres langues, japonais compris, le mot « chanson » reste le plus souvent associé à Paris ou à la France. Ainsi, s’illustre-t-il à foison en allemand, à la façon de cet autre sous-titrage de 2010 : « Sie hören ein französisches **Chanson**. Franck singt es mit. Weiter ! », vous écoutez une chanson française. Franck la chante. Continuez ! En fait, en pays anglo-germanique au XVIIIe siècle, la chanson est soit un poème médiéval chanté, soit une chanson folklorique, soit encore un divertissement de salon. Et les Anglais d’ajouter gaillardement à leur lexique les « chansons à boire », ce qu’en 1694 dans *Country Conversation*s James Wright illustre en ne trouvant rien de plus agréable qu’une « old **chanson à boire** ». Plus raffiné, Colley Cibber en 1705, dans *The Careless Husband*, donne sa version du bonheur : « tea, Mademoiselle’s good humour, and a **petit chanson** ». Du thé, la bonne humeur de Mademoiselle et doté, d’un délicieux masculin, un « petit chanson »…

LA « CHANSON » : GESTE ET PAROLES…

Issu du latin *cantio*, à la fin du XIe siècle naît un « chançun », pièce en vers destinée à être chantée. S'instaure alors la « chanson de geste », mot également passé en anglais et qui correspond à un ensemble de poèmes épiques relatant les exploits d'un héros, la « geste », du latin *gerere*, agir, dont Charlemagne est le héros privilégié. Viennent ensuite les vers lyriques du roman courtois, consacrés généralement aux aventures d'un chevalier au service de la dame de son cœur. On doit se souvenir que les vers se chantaient de château en château, et que jusqu'au XVIe siècle, tout poème se récitait sur un fond musical. En 1571 Maurice de La Porte offre aux poètes une nomenclature d'environ un millier de mots, chacun suivi d'adjectifs valorisants. Y figurent « chants et chansons » assortis d'épithètes tels que « rompt-souci, brise-ennui, plain, mélodieux, lyrique », ces trois dernières ayant fait souche en anglais. Ainsi, nés de l'ancien français « plain », uni, vient le plain-chant, **plainchant** en anglais, chant liturgique à une seule voix très égale. « Mélodie » devient sans surprise **melody**, attesté vers 1300 ; quant à « lyrique » et « lyre », ils prennent aussi racine anglaise, l'instrument au XIIe siècle et l'adjectif en 1580. « Lyric » définit d'abord un poème, puis dès 1876 et souvent au pluriel, les paroles d'une chanson. À partir d'une « basic story […] you get dramatic sections and love **lyrics** », vous obtenez des sections dramatiques et paroles d'amour, explique en 1974 Peter Dickinson dans *The Poison Oracle*. Cependant, « paroles d'amour », spécialité française, n'a pas traversé la Manche.

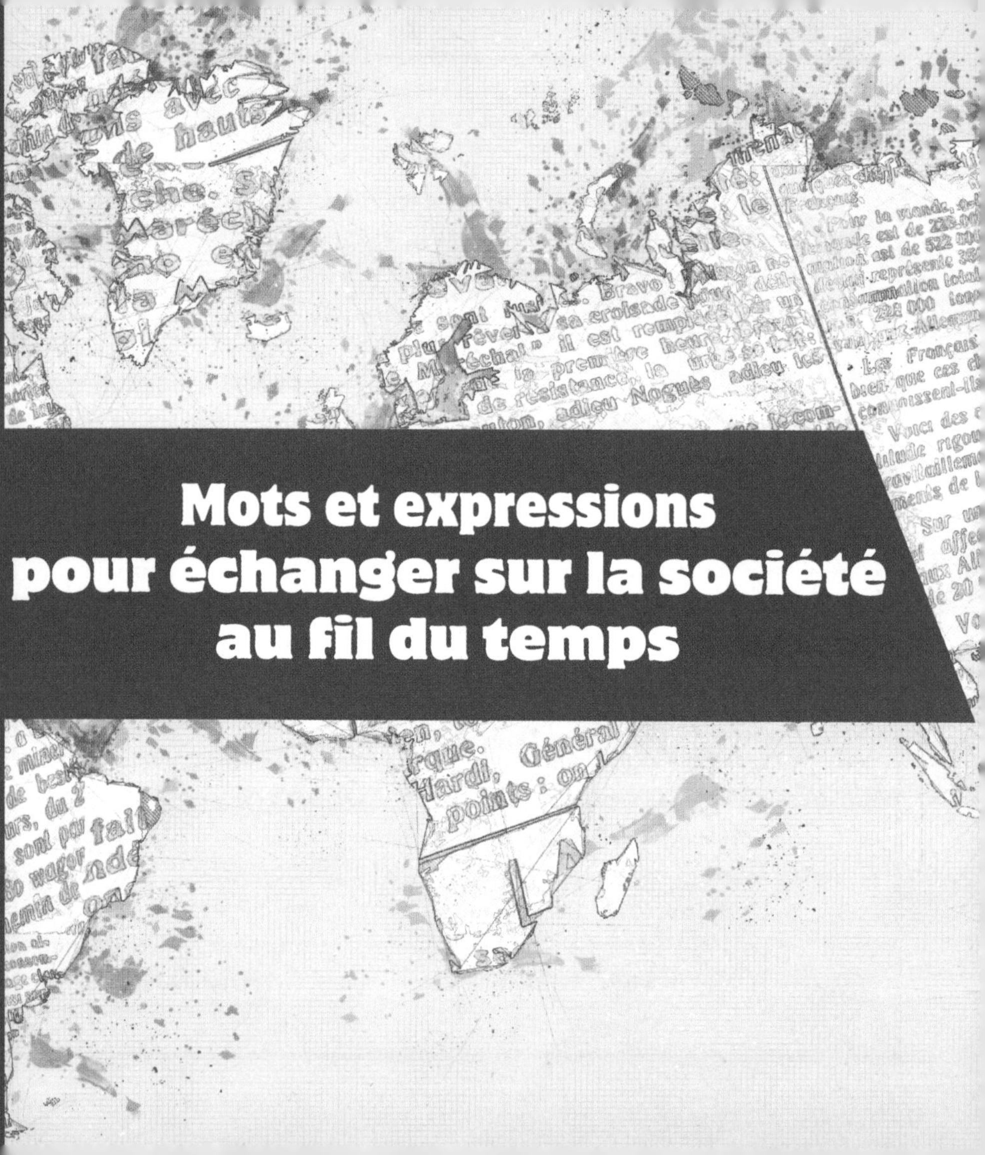

Mots et expressions pour échanger sur la société au fil du temps

« Après l'échange de quelques paroles de circonstance entre deux promeneurs
qui désiraient également une occasion de se rencontrer,
la conversation s'engagea sur les livres, la littérature, la poésie. »

Alphonse de Lamartine, *Nouvelles confidences*, 1851.

« Comment pourrions-nous ignorer tous les échanges d'idées, de sentiments,
de coutumes et même de mots, que se prodiguèrent l'un à l'autre
les deux peuples naturellement amis… ? »

Charles de Gaulle, *Mémoires de guerre, L'Appel*, 1954.

« Raison de plus […]. Autres temps, autres mœurs !
Le progrès marche, et nous ne voulons pas rester en arrière. »

Jules Verne, *Le Docteur Ox*, 1874.

« Le point de vue est exact, mais à la condition de n'être pas exclusif. »

Louis Barthou, *Mirabeau*, 1913.

“COMME IL FAUT”

Langue allemande : « Dafür perlt der Sekt kühl **comme il faut**. »
Der Tagespiegel, 2 mai 2004.
Mais les bulles de vin mousseux refroidissent comme il faut.

Si l'on relève bien en 1548 « Je dy [dis] *comme il faloit* » chez Noël du Fail dans *Les Baliverneries*, c'est cependant au XVIIe siècle que la formule « comme il faut » prend son essor, reprise très souvent par Molière en étant synonyme de « comme il convient », avec, par exemple, dans *George Dandin* « Vous voilà ajusté comme il faut »... « vous serez reçu comme il faut. » Il faut attendre 1790 pour que dans la satire politique anonyme *Le Rat du Châtelet*, le sens critique surgisse : « Gens de bon ton, gens comme il faut… » La formule passe au XVIIe siècle en anglais pour s'y implanter solidement : « I would not present in my own exclusive circle one who was not in all points **comme il faut** », je ne présenterais pas dans mon cercle rapproché quelqu'un qui ne serait pas en tous points comme il faut », insiste en 1818 lady Morgan dans *Florence MacCarthy*. La langue allemande est tout aussi durablement accueillante : « Das Publikum verhielt sich noch ganz **comme il faut** verhalten will, der drängt sich nicht nach vorn », le public s'est toujours comporté comme il faut, personne n'est tombé ou n'a crié, précise *Die Welt* le 23 janvier 2017. On est rassuré, les acteurs reviendront.

“COMME CI, COMME ÇA”

Langue anglaise : « Carella asked : – Good day ? – **Comme ci, comme ça**, the bald-headed man said… »
Ed McBain, *Killer's choice*, 1958.
Carella demanda : - Bonne journée ? - Comme ci, comme ça, dit le chauve.

« So-so » est-il traditionnellement dit par les Anglais depuis 1520 pour exprimer un sentiment de moyenne satisfaction ou d'à peu près. Or, depuis 1944, s'est introduite avec vigueur une locution française qui en est synonyme : « comme ci, comme ça ». Ainsi, à Harnett Thomas Kane de l'illustrer plaisamment en 1944 dans *Deep Delta Country* : « Outside was the poor hen still on the ground, his neck all twist, his eyes **comme ci, comme ça »**, dehors se trouvait la pauvre poule encore à terre, son cou tout tordu, ses yeux comme ci, comme ça… Et à McBain d'offrir la gestuelle, en 1958 : « Sussman rotated his hand, **comme ci, comme ça** », il pivota la main comme ci comme ça. En revanche, point de succès anglais pour « couci-couça », issu de l'italien « cosi-cosi », alors que l'expression « ça ne fait rien », incomprise des soldats anglais en 1914, fut délicieusement interprété « San fairy Ann » ! En 1930 dans *Thy Servant a Dog*, Rudyard Kipling en fait encore usage : « He said Fairy Ann ! Fairy Ann », littéralement la fée Ann, fée blasée, qui entrait ainsi dans les dictionnaires anglais. Ce n'est pas rien !

“AU CONTRAIRE”

Langue allemande : « Keiner der Wartenden verdreh derweil die Augen oder beginnt zu murren. **Au contraire** ! »
Die Zeit, 28 novembre 2013.
Pendant ce temps, aucune des personnes qui attendent ne lève les yeux au ciel ou ne commence à grogner. Bien au contraire !

Si, dès 1322, est attestée la locution française « tout au contraire », il faut attendre 1841 pour qu’elle s’enracine en anglais : « Scandal but not by any means ill natured, **tout au contraire** », s’exclame Maria Edgeworth, évoquant un scandale en rien né de moyens pernicieux. Du côté allemand, on lira en février 2016 dans *Die Zeit* à propos de Beckett qu’il ne doit pas avoir le dernier mot, « das letzte Wort. **Au contraire** ». Quant à Laurence Sterne, dans *A Sentimental Journey*, il remarque en 1768 que « **tant pis** and **tant mieux** » sont « two of the great hinges in French conversation », deux des grandes charnières de la conversation française… Qu’importe la critique, en 1855, dans *Journal and Letters*, Anne Thackeray Ritchie exprime ainsi ses espoirs : « But **tant pis**, when I’m older, I hope I shall do it better », tant pis, quand je serai plus âgée, je serai meilleure ! Au contraire de l’optimisme, en 2008, dans le *New York Times*, deux êtres se rencontrent « tenderly, and – **tant pis** – go their separate way », chacun part de son côté… On espérait le contraire.

“PIS-ALLER”

Langue anglaise : « A balance of trade paid in the precious metals, is the **pis-aller** of foreign commerce. »
Edinburgh Review, 1808.
Une balance commerciale payée en métaux précieux, est le pis-aller du commerce extérieur.

La première attestation en anglais de l’expression française « pis aller » date de 1676, dans une comédie de George Etherege, *Sir Fopling Flutter*, satire des courtisans. Ainsi Dorimant n’est guère galant : « Dorimant, when did you see your **pis-aller** as you call her, Mrs Loveit ? » Quand avez-vous vu votre pis-aller, Mrs Loveit, comme vous l’appelez ? Le trait est cruel, puisqu’en 1690 « au pis aller », « c’est le plus grand mal qui […] puisse arriver », affirme Furetière. Encore qu’en 1921, Alain n’est pas moins cru : « Vous rencontrerez bien quelque morceau d’obus là-bas ; mais, au pis-aller, si vous mourez de peur, ce sera encore une belle mort. » À dire vrai, le pire se transmet vite, né en 1651, « au pis aller » était adopté en anglais en moins de trente ans. Quoique « être au mieux », attesté en 1828, se retrouvait déjà en Angleterre vingt ans plus tard. Même si William Thackeray exprime tout de même un regret : « I thought you used to be **au mieux** in that quarter », je pensais que vous étiez au mieux dans ce quartier… On est proche du pis-aller.

“CHAPEAU !”

Langue anglaise : « Ed, you’re awesome ! **Chapeau** compagnon ! (three clapping hands emojis). »
CB, *cycles twitter.com*, 2019.
Ed, tu as du génie ! Chapeau compagnon ! (trois émojis applaudissant).

Avant de s’expatrier en tant que témoignage d’admiration, le mot « chapeau », du latin *cappa*, la coiffe, a nourri de belles expressions recensées dans nos dictionnaires, par exemple en 1694 : « On dit oster son chapeau à quelqu’un pour dire, le saluer en se découvrant » et « on appelle coups de chapeau les salutations faites en ôtant son chapeau ». De là viennent « tirer son chapeau à quelqu’un », témoigner de son respect admiratif, et la reprise de « chapeau bas » familièrement devenu « chapeau ! », synonyme de « bravo ». Dans sa *Correspondance*, Maurice de Guérin, en 1837, use d’un superlatif presque oublié : « Je vous tire mon chapeau jusqu’à terre, ma charmante, pour votre exploit d’hier. Fournir trois heures durant la conversation de Mme de… » **Chapó**, telle est la formule de sens identique aujourd’hui retenue par l’Académie royale d’Espagne. Et on lira dans la presse italienne en 2023 : « È anche il più grande mercato automobilistico del Mondo. **Chapeau** », c’est aussi le plus grand marché automobile au monde, chapeau. En Italie ? Que nenni : en Chine.

“CRÈME DE LA CRÈME”

Langue allemande : « Diese Männer und Frauen sind Brandenburgs **Crème de la Crème**. »

Berliner Zeitung, 15 juin 2006.

Ces hommes et ces femmes sont la crème de la crème des bonnes actions du Brandebourg.

En Allemagne comme en Angleterre, le plus chaleureux accueil a été fait à l’expression « crème de la crème », ladite crème représentant au sens figuré « ce qu’il y a de meilleur [...], de plus beau, de plus choisi dans un Livre, dans une science » signale par exemple Furetière en 1690, évoquant même, ce qui serait peu élégant aujourd’hui « la crème des beaux vers ». Ainsi peut-on lire dans le roman *The Prime of Miss Jean Brodie* de Muriel Spark que « all my pupils are the **crème de la crème** », tous mes élèves sont la crème de la crème – heureuse enseignante ! –, l’expression étant attestée en anglais depuis 1848. Si la romancière britannique use de l’alléchante formule pour désigner le meilleur du meilleur, ladite formule peut aussi désigner le meilleur du pire comme en atteste un extrait du *Berliner Zeitung* d’avril 2002, à propos d’un lieu maudit : « Hier sitzt die crème de la crème der Kriminellen », c’est là que se trouve la **crème de la crème** des criminels… On a alors envie de ne pas évoquer le « dessus du panier », mais le dessous.

“NOUVEAU RICHE”

Langue hébraïque : « Hoa nesi laisha at bru sal **novorish**, shevaluto numer bte melon. »
Exemple d’un dictionnaire d’hébreu.
Il a épousé la fille d’un nouveau riche qui possédait plusieurs hôtels.

D’origine mal connue, la formule « nouveau riche » souvent présentée comme née au XXe siècle entre les deux guerres est, en fait, déjà attestée en tant qu’emprunt au français pour la langue anglaise à la fin du XVIIIe siècle. Ainsi, en 1796, le poète écossais Robert Burns évoque-t-il déjà « a story […] of a celebrated **nouveau riche** », l’histoire d’un célèbre nouveau riche. Ce dernier se remarque par son type de maison, souligne en 1828 Edward Bulwer-Lytton dans son roman *Pelham*, signalant une « white and modern mansion of a **nouveau riche** », un manoir blanc, moderne, de parvenu. En 1874, dans la revue *Galaxy*, le premier défaut de ce dernier serait la superficialité : « That distressing **nouveau riche** ostentation which is or ever drawing attention to trifles », cette ostentation affligeante attirant toujours l’attention sur des riens… Qu’importe dira le nouveau riche fort d’une réflexion relevée dans la revue *Economica* en 1947 : « The savings of the **nouveau riche** are greater than of the **ancien riche** », l’épargne du nouveau riche est supérieure à celle de l’ancien riche. Imparable ?

NOUVEAU RICHE OU PAUVRE…

Avant de désigner les différentes façons d'être riche, rappelons d'où vient cet adjectif ayant aussi valeur de substantif. L'origine en est le francique « riki », puissant, attesté en français dès 1050, avec déjà le sens moderne rencontré en 1120 dans *Le Voyage de saint Brendan,* « un castel qui riche est et grant et bel ». La racine francique offrait à l'anglais le mot « rich » et son équivalent français « riche », tout comme l'espagnol **rico** et l'italien **ricco**. Les dictionnaires français n'enregistreront le « nouveau riche » qu'au XXe siècle. Ainsi, dans la huitième édition du *Dictionnaire de l'Académie française*, il est « celui qui, soudainement enrichi, n'a pas eu le temps de s'adapter à sa nouvelle situation de fortune ». Au XXIe siècle, l'édition suivante sera moins bienveillante : « Un nouveau riche, qui, par un luxe tapageur, fait étalage d'une fortune récemment acquise. » Le premier article de dictionnaire consacré au mot « riche », par Richelet en 1680, est quelque peu grinçant : « Riche : Qui a beaucoup de biens. Les riches sont orgueilleux, insolents, oisifs, voluptueux, arrogants & pour en faire le véritable portrait, il se faut figurer des fous à leur aise ! » Il est vrai que lorsque Richelet était précepteur, il n'était guère riche, et qu'en tant qu'auteur de dictionnaires, il était volontiers caustique. En 1965, était attesté un antonyme : les « nouveaux pauvres », ainsi définis dans *Le Petit Robert* : « Les victimes des récentes crises économiques. » La formule ne traversera pas la Manche. Passer de « nouveau riche » à « nouveau pauvre » n'est en rien enviable.

"PETIT-MAÎTRE"

Langue anglaise : « His manners were slightly **petit-maître**. »
Ann Bridge, *Four part setting*, 1939.
Ses manières étaient légèrement celles d'un petit-maître.

C'est au cours de la Fronde, la sédition éclatant en 1648 contre Mazarin, qu'on qualifia de « petits-maîtres » les favoris du prince de Condé, de jeunes seigneurs élégants. La formule sera ensuite reprise en mauvaise part comme en témoigne en 1762 le *Dictionnaire de l'Académie* : « On appelle ainsi Un jeune homme de Cour, qui se distingue par un air avantageux, par un ton décisif, par des manières libres & étourdies. » S'y ajoute la « petite maîtresse », d'« une élégance affectée » et de « manières coquettes, prétentieuses ». Le « petit-maître » désigne aussi un peintre de moindre notoriété, mais contribuant néanmoins à l'histoire de l'art. Les Anglais adoptèrent d'emblée les deux sens : « His compatriot is more of the **petit-maître** », son compatriote est plutôt **petit-maître**, écrit lord Byron dans une lettre de 1816. Et Salman Rushdie, dans *Ground Beneath Her Feet*, déclare de manière drue à propos de tableaux qu'ils représentent le « worst type of **petit-maître** banality », le pire type de banalité « petit-maître ». Soyons indulgents : tout le monde ne peut être « grand maître ».

“ENFANT TERRIBLE”

Langue espagnole : « Se trata del **enfant terrible** de las letras francesas, Michel Houellebecq, quien adapta y dirige su novela. »
El País, 8 octobre 2008.
C’est l’enfant terrible des lettres françaises, Michel Houellebecq, qui adapte et réalise son roman.

Le dessinateur et aquarelliste Gavarni, faussement prénommé Paul a posteriori, est l’auteur de séries lithographiques célèbres, dont *Les Enfants terribles*, dessins rassemblés en 1868 où s’exerce son regard moqueur sur la société sous Louis-Philippe et le second Empire. Le personnage principal en était un enfant effronté armé d’une fausse candeur, et dont les propos mettaient constamment ses parents dans l’embarras. Publié largement dans la presse française, il le fut également dans le journal espagnol *La Ilustración*. Même si le personnage de l’enfant terrible est universel, ces dessins ont confirmé l’usage de la formule, tout comme en 1929, le roman de Jean Cocteau, *Les Enfants terribles*. Aisément attestée en espagnol, la formule se retrouve aussi en anglais avec, par exemple, Dennis Bloodworth qui, dans *Crosstalk,* l’amalgame à une autre expression issue du français : « You mean **pas devant les enfants terribles**. Not in front of the CIA ? » Vous voulez dire pas devant les enfants terribles. Pas devant la CIA ? Les deux sont redoutables.

“GAMIN”

Langue anglaise : « The **gamin** tribe exists between ten and fifteen years of age. »
New Monthly Magazine, 1837.
La tribu des gamins existe entre dix et quinze ans.

D’une grande œuvre française de portée internationale peut naître un emprunt à la faveur de sa traduction. Il en va ainsi du mot « gamin » introduit en anglais grâce à Victor Hugo avec notamment ce passage de *Notre-Dame de Paris* publié en 1831, où il met en relief le mot « gamin » en en précisant la nature : « Un groupe d’enfants de ces petits sauvages va-nu-pieds qui ont de tout temps battu le pavé de Paris sous le nom éternel de *gamins* et qui, lorsque nous étions enfants aussi, nous ont jeté des pierres à tous, le soir, au sortir de classe. » De fait, l’équivalent du « gamin des rues » est, en anglais, le « street-urchin », l’oursin des rues… Quelle est l’origine du mot français ? Au tome 17 de l’*Encyclopédie* de Diderot et d’Alembert, tome publié en 1765, se repère d’abord le « gamin », présenté alors comme un « jeune aide de verrier ». Puis, en 1805, on en retrouve une nouvelle attestation dans une lettre de Pauline Beyle adressée à Stendhal, où le gamin est le « petit garçon qui passe son temps à polissonner dans les rues ». C’est ce sens-là que reprendra Victor Hugo et qui franchira la Manche.

GAMIN, GAMINE

Victor Hugo, père littéraire de Gavroche, le « gamin » des rues de Paris mort sur les barricades au cœur de ce roman au succès universel paru en 1862, *Les Misérables*, aimait assurément ce mot au point d'en développer à souhait la diversité : « Il y a beaucoup de variété dans le genre gamin. Le gamin notaire s'appelle *saute-ruisseau*, le gamin cuisinier s'appelle *marmiton*, le gamin boulanger s'appelle *mitron*, le gamin marin s'appelle *mousse*, le gamin soldat s'appelle *tapin*, le gamin peintre s'appelle *rupin*, le gamin négociant s'appelle *trottin*, le gamin courtisan s'appelle *menin*… » Ce petit « dictionnaire » du « gamin » appelle une étymologie précise : elle est cependant aussi espiègle que l'est cet enfant, difficiles en effet à saisir. L'origine pourrait en être un mot germanique de la Lorraine, *gammel*, désignant la gaieté, la joie bruyante, le chenapan, ce que confirmerait son usage attesté dès 1765 dans le cadre des verreries lorraines. Remarquons que le mot « marmiton » est emprunté en anglais dès 1754 : « I sent him into the kitchen to be a cook'boy, a **marmiton** », je l'ai envoyé dans la cuisine pour être un cuisinier, un marmiton, écrit Karen Blixen en 1937 dans *Out of Africa*. On n'oubliera pas que la « gamine » a conquis aussi l'Angleterre, et que, bien que rare, on trouvera aussi le « gamin » en espagnol. En vérité, pour faire deviner le mot « gamine » ou « gamin », proposer la « femme ou l'homme de demain », comme le font les auteurs de mots croisés, montre la voie : la confiance joyeuse en la jeunesse.

“CLOCHARD”

Langue allemande : « Auf dem Baugrundstück […], lagen die beiden **Clochards**, die auch bei Tage dort immer lagen. »
Anna Seghers, *Transit*, 1947.
Sur le terrain à bâtir, se trouvaient les deux clochards, qui étaient toujours là, même pendant la journée.

Beaucoup imaginent le clochard dans une sorte de liberté rêveuse, à la façon de Georges Duhamel qui, en 1951, dans *Cri des profondeurs* le dépeint « mélancolique » avec pour « occupation principale […] suivre l'image des nuées… » Le mot pénétrant en allemand vers 1940, un journaliste du *Tagesspiegel* aura, en 1966, le propos plus réaliste : « Ihr Leben hat nichts mit dem romantischen Bild des **Clochard** gemein », sa vie n'a rien de l'image romantique du clochard. On retrouve le mot « clochard » en anglais, comme l'illustre en 1989 Vijay Singh dans *In Search of the River Goddess* : « A **clochard** on a bicycle », mais, comme en italien, l'usage en est rare. Son origine reste mystérieuse : s'agit-il du verbe « clocher », « boiter, traîner la jambe », ou bien de la cloche sonnant l'heure des prières ou de la fin du marché avec ses restes, ou encore de l'appel aux mendiants pour tirer les cloches ? Ou, jadis, de ceux qui activaient celles de Notre-Dame grâce à un pédalier ? Quoi qu'il en soit, tout ramène aux pieds qui traînent, accourent ou pédalent.

“ESPRIT DE CORPS”

Langue anglaise : « A particular community such as that of divines, lawyers, merchants, &c. has its **esprit de corps**. »
Jeremy Bentham, *Rationale of Judicial Evidence*, 1832.
Une communauté particulière comme celle des divinités, des avocats, des marchands, etc. a son esprit de corps.

L’« esprit », cette « partie de l’âme qui juge, comprend, raisonne & invente », précise Richelet en 1680, a séduit nos voisins anglais et allemands en tant que mot français. Et en juin 2000, dans *Die Welt*, on lisait que la qualité du cinéma français était « sein **Esprit**, und das damit verbundene Chaos », son esprit et le chaos qui l’accompagne. Plus présent encore est l’« esprit de corps », illustré en 1957 par Carl Friedrich dans *Totalitäre Diktatur*, affirmant que « Staatbürokraten einen eigenen **Esprit de corps** entwickeln », les bureaucrates de l’État développent leur propre esprit de corps. Dès 1780, les Anglais avaient déjà adopté la formule : « To appeal the **esprit de corps** », faire appel à l’esprit de corps. Dans le même esprit, on lira, dès le XVIIIe siècle, que « to pass for an **esprit fort** is all their ambition », passer pour un esprit fort est leur seule ambition. Enfin, en 1964 dans *Herzog*, Saul Bellow signale une « mixture of clairvoyance and spleen, **esprit de l’escalier**, noble inspirations », dans un anglais qui doit beaucoup au français !

"PETIT COMITÉ"

Langue espagnole : « El presidente del gobierno ha recibido este lunes en **petit comité** a los líderes de los principales sindicatos. »
El País, 13 septembre 2013.
Le président du gouvernement a reçu ce lundi en petit comité les dirigeants des principaux syndicats.

Les mots voyagent, ce que chacun sait. Ils nous viennent parfois d'une langue voisine ; on les adapte souvent à notre propre système phonétique et graphique, et s'ils ont du succès, ainsi transformés, ils peuvent à nouveau conquérir d'autres pays. Ainsi en est-il du mot « comité » qui nous vient de l'anglais « committee », petit nombre de personnes choisies – mot attesté de manière isolée en français en 1652. En fait, il entre réellement en langue française en 1717, Saint-Simon utilisant le mot « comité » tout en se plaignant qu'« on ne parlait plus qu'à l'anglaise » ; le mot était cependant déjà francisé, et Mme du Deffand écrit ainsi à Walpole qu'elle soupera « demain avec lui ; mais ce ne sera pas dans un petit comité, [ce] dont je suis très fâchée ». La Révolution adoptera le mot, et il passera en néerlandais : « Het **comité** heeft een rapport opgesteld over de toestand », le comité a rédigé un rapport sur la situation. Et en Espagne, au XXIe siècle, la presse peut évoquer pour un politique « una cena [un dîner] **en petit comité** ». En somme « en familia ».

“ENTENTE CORDIALE”

Langue anglaise : « The **entente cordiale** between the doctor and his head nurse. »

Florence Nightingale, *Notes on Nursing*, 1859.

L’entente cordiale entre le docteur et son infirmière en chef.

À l’origine, l’« entente » désigne une interrogation, puis la compréhension de quelque chose, d’où « un mot à double entente », à double sens. Avec un sens attesté en 1831, l’entente devint ensuite la cordialité entre deux êtres, la formule se répandant en Angleterre. Enfin, au début du XXe siècle, on appela « Entente cordiale » les bons rapports nés entre l’Angleterre et la France depuis 1840, se concrétisant par les accords de 1904. L’expression se popularisa, et en 1970, dans le magazine *New Yorker*, est évoqué un restaurant illustrant « an **entente cordiale** between East an West », entre l’Orient et l’Occident. S’est maintenue en anglais l’ancienne formule française « double entendre », aujourd’hui le « double sens ». Ainsi, en 1678, la duchesse de Cleveland écrit qu’un ambassadeur lui a tendu une lettre « which he pretended one part of it was a **double entendre** », qu’il prétend pour partie être à double sens. Et voilà, en 1969, un article évoquant le « **double entendre** of Freud patients ». « Passeport pour l’harmonie » suggèrent les verbicrucistes pour « entente ». Les mots justes sont souhaités.

“COUP D’ÉTAT”

Langue japonaise : « Kono kuni wa **küdetā** ni yotte seiken ga kawatta. »
Extrait d’un manuel.
Ce pays a changé de régime par un coup d’État.

Le français ayant jusqu’à la Première Guerre mondiale constitué la langue internationale par excellence de la diplomatie, il n’est guère surprenant que parmi les mots français empruntés pour enrichir le vocabulaire japonais se retrouve le « ku deta » ou « küdetā ». De fait, l’expression sera reprise telle quelle dans d’autres langues, en anglais par exemple, ou encore « calquée » c’est-à-dire traduite mot à mot : **colpo di stato** en italien, **golpe de estado** en espagnol. Ce qui n’exclut pas, d’ailleurs, le fait que, dans ces dernières langues, on retrouve aussi « coup d’État » tel quel. On atteste du « coup d’État » en anglais dès 1640, même si l’usage en sera accru après la Révolution française. L’expression « coup d’État » s’est tellement bien implantée en anglais qu’elle est même abrégée en « coup », et ce dès 1712, comme l’illustre Richard Steele dans *The Spectator :* « [to] mortify some of those inoffensive militias, is reckon’d a **coup** », détruire certaines de ces milices inoffensives, est considéré comme un coup d’État. Ainsi, le mot français « coup » a-t-il vocation internationale. C’est intriguant, voire inquiétant.

COUPS À LA MODE ANGLAISE

Dans un article du 23 juin 2021, *Cose che voi umani, internazionale*, le journaliste italien Enrico Deaglio s'interroge : « Insurrection, storming, anarchy, e poi il termine che in americano non esiste, **coup d'état**. Strano, non ? » Insurrection, prise d'assaut, anarchie, et un terme qui n'existe pas en américain, coup d'État. Étrange n'est-ce pas ? Au journaliste de s'étonner ainsi que les Américains qui imposent leur lexique au monde n'aient pas un équivalent, usant donc d'un emprunt au français. De fait, on est surpris du succès du mot « coup » en anglais. Ainsi, en 1666, John Dryden, dans *Of Dramatick Poesie,* évoque-t-il combien telle description d'un personnage « show a **coup de maistre** », illustre un coup de maître. De son côté, en 1699, Samuel Garth dans *Dispensary* peut écrire « you give the **coup de grace** », vous donnez le coup de grâce. En 1713, Richard Steele, dans *Englishman*, évoque « a **coup d'eclat** for placing himself as the head of a stratocracy… », pour se placer à la tête d'une « stratocratie », un gouvernement militaire. En 1739, plus pacifiste, Thomas Gray signale dans une lettre « the first **coup d'œil** » qu'il est en mesure de donner. En 1747, au tour de Horace Walpole de mettre en avant « this **coup de théâtre** », heureux pour l'un de ses personnages. Enfin, en 1757, le *Gentleman Magazine* conseille une préparation « against a **coup de main** ». Que de « coups » offerts à la langue anglaise ! On a tout de même évité l'emprunt d'une formule qui eût été d'un effet désastreux pour notre image : « Tous les coups sont permis ! »

“FORCE MAJEURE”

Langue allemande : « Die Verträge berückisichtigen grundsätzlich die höherer Gewalt, die sogettante **Force majeure**. »
Der Standard, 29 octobre 2014.
En principe, les contrats intègrent des imprévisibles, dits de force majeure.

Les langues germaniques que sont l'allemand et l'anglais, ainsi que les langues suédoise et danoise, ont accueilli d'emblée la formule française « force majeure ». On la retrouve également calquée en espagnol et en italien sous la forme **fuerza mayor** et **forza maggiore**. À quoi correspond cet usage ? Les cas de « force majeure » ont pour origine ce qu'on appelait les « actes de Dieu », une clause selon laquelle dans le domaine maritime l'armateur n'était pas responsable en cas de tempête, de séisme, ne dépendant pas, en effet, de l'être humain. La formule « force majeure » prit le relais à la fin du XVIIIe siècle avec un sens plus large, comme l'illustre Lamartine dans une lettre de 1830 : « Sauf force majeure, je te porterai le 15 février les 5 000 F. » En 1300, les Anglais adoptaient le français **force** et en 1835, **coup de force**, puis en 1883, **force majeure** : « The politicians will not combine except under **force majeure** », les politiciens ne s'associeront pas sauf en cas de force majeure, c'est-à-dire imprévisible, irrésistible et extérieure. Concours annulé, on a perdu les sujets : cas de force majeure.

“TOUR DE FORCE”

Langue anglaise : « At a London gig, her performance was a veritable **tour de force**. »
Gay Times, 2003.
Lors d'un concert à Londres, sa performance a été un véritable tour de force.

« Action qui exige beaucoup de force. Il se dit figurément au moral pour exprimer une action de vigueur et de courage. On dit aussi en parlant d'une grande difficulté qu'on a vaincue, que *C'est un tour de force* », lit-on en 1798 dans le *Dictionnaire de l'Académie*. Née au XVIIIe siècle, l'expression séduit l'Angleterre dès 1802 et, en 1805, George Ellis confie que « Leyden's breakfast was a **tour de force** » : le petit déjeuner de Leyden était pantagruélique ! En 1989 dans le *Sydney Morning Herald*, c'est l'anéantissement de Connors par l'inoubliable tour de force de son adversaire : « Annihilation of Connors was a quite unforgettable **tour de force**. » En 2004, « Die Vorbereitungen waren eine **Tour de force** », les préparatifs furent un tour de force, lit-on en allemand dans le *Tagespiegel*. « È capace di **tour de force** impensabili per altri », signale l'italien Sionopoli, à propos d'un homme politique accomplissant ce qui serait impensable pour d'autres. « El **tour de force** diario » quotidien, ajoute-t-on en espagnol. Le « tour de force » est assurément fort !

“CHAL(L)ENGE”

Langue anglaise : « He began not by war but by law to **challenge** the crown. »
Thomas More, *The History of the Reigns of Edward V*... 1513.
Il n’a pas commencé par la guerre, mais par la loi pour défier la couronne.

Contrairement à ce que l’on imagine, le mot « challenge » n’est pas d’origine anglaise. Comme le rappellent les étymologistes anglais, il vient en effet du « Old French **chalonge** », l’ancien français « chalonge » issu du latin *calumnia*, accusation injuste. Il désigna au Moyen Âge un litige ou une action en justice, et c’est avec ces différents sens que le mot entra en anglais au XIVe siècle. À partir du XVIIe siècle, il s’assimila à un défi, qui deviendrait peu à peu sportif. Le mot « challenge » avait, pendant ce temps, pour ainsi dire, disparu du français, mais au XIXe siècle, on emprunta, dès 1885, le mot que certains crurent anglais, d’abord en tant qu’épreuve sportive puis, en 1960, en synonyme du mot « défi ». Cet usage est critiqué par l’Académie française, d’autant plus qu’on l’entend parfois prononcé avec un inutile accent anglais. Absent des huit premières éditions du *Dictionnaire de l’Académie,* il entre dans la neuvième en préconisant de l’écrire « chalenge », et en le réservant aux épreuves sportives. Beau « défi » que de gagner un « chalenge » de rugby contre les Anglais…

CHALENGE, CHALENGEUR ?

De la même manière que le « chalenge » est d'origine française, le « challenger », considéré comme un anglicisme, est né de l'ancien français « chalengeour », repris en anglais au milieu du XIVe siècle. En ancien français comme en anglais, il désignait la personne proférant de fausses accusations, puis au XVe siècle, le contestataire. Il faut attendre 1510 pour que naisse en anglais le « challenger » cherchant à enlever à un autre son titre de champion. C'est avec ce sens que « challenger » est emprunté en français dès 1900. En 2000, la Délégation générale à langue française, ainsi que l'Académie française ayant suggéré de donner à ce mot un suffixe permettant le féminin, entrait dans le *Journal officiel* du 22 septembre « chalengeur, chalengeuse », défini comme la « personne qui lance un défi au tenant d'un titre » en précisant que « ce terme ne doit pas se prononcer à l'anglaise ». « Challenge » a pris récemment en anglais un sens particulier dans le domaine de la vaccination, où en 2001, sont évoquées des « virus **challenge** studies », traduites en français comme des « études de chal(l)enges infectieux », reprenant, de fait, le sens premier de « chalenge », une provocation, ici celle des virus sur un élément sain. Le « challenge » anglais a conquis la langue allemande, en tant que défi à surmonter : « **Challenge** und Druck, das sind Brandts Zuberworte », est-il écrit ainsi dans *Der Spiegel* du 10 décembre 1973. Traduction française : « Défi et pression sont les mots magiques de Brandt. » C'est une chance de disposer de deux mots distincts : « défi » et « chal(l)enge ».

“CARTE BLANCHE”

Langue allemande : « Ich gebe Jhnen bey diesem Auftrage **Carte blanche** une hoffe das Sie mich in einer Sache, die mir so schwer auf dem Herzen liegt, keine Fehlbitte thun lassen. » Johann Karl August Musäus, *Physiognomische Reisen*, 1779.
Je donne carte blanche à Jhnen pour cette mission, et j'espère que vous ne me laisserez pas faire une erreur dans une affaire qui me tient tant à cœur.

« On dit donner la carte blanche à quelqu'un pour dire offrir de faire quelque chose à telles conditions qu'il luy plaira », précise Furetière en 1690. Attestée depuis 1451, l'expression est issue du vocabulaire militaire, où le vaincu pouvait donner un document vierge sur lequel l'ennemi écrivait ses exigences. C'est ensuite devenu au sens figuré une grande marque de confiance. La formule est repérée en anglais dès 1707, en tant que papier vierge signé laissé à quelqu'un, puis « pleins pouvoirs » donnés. « I cannot conceive how any man can consider his country as nothing but **carte blanche** » : comment concevoir qu'un homme puisse considérer son pays comme une carte blanche ? s'indigne William Windham en 1809 dans *Speeches in Parliament*. « **Carte blanche** für jede erfor derliche Geldsumme », carte blanche pour toute somme d'argent, déclare en allemand Richard Locke en 1836 dans ses rapports sur des découvertes astronomiques. En espérant que la somme ne soit pas astronomique.

“BÊTE NOIRE”

Langue anglaise : « His **bête noire** is the submission of military affairs to the control of political exigencies. »
Spectator, 1905.

Sa bête noire est la soumission des affaires militaires au contrôle des exigences politiques.

« L'ingratitude est ma bête d'aversion », écrit Mme de Sévigné dans une lettre du 16 octobre 1689. Deux ans plus tard, on lit dans le *Dictionnaire universel* de Furetière que « le peuple appelle aussi la beste noire, le Commissaire… » En vérité, ce n'est qu'au XIXe siècle que l'expression désignant une personne honnie se généralisera, comme l'illustre en 1855 George Sand dans *Histoire de ma vie* signalant que, pour Deschartres, « l'Empereur était sa bête noire ». La formule s'adapte, par ailleurs, aussi à une chose détestée : « La planche à voile, la bête noire des sauveteurs », est-il écrit dans *L'Express* du 12 juillet 1980. L'expression s'installait sans peine en anglais et en allemand. « Calling me her **bête noire**, her dark spirit and a thousand other names », m'appelant sa bête noire, son esprit sombre et mille autres noms, s'exclame en 1844 William Thackeray dans *The Luck of Barry Lyndon*. « Ihrer **bete noire** von Mann », sa bête noire de mari, souligne plaisamment Willibald Alexis en 1852 dans *Ruhe ist die erste Bürgerpflicht*. Tout n'est pas toujours rose.

“FAUX PAS”

Langue allemande : « Seien Sie vor allem taktvoll, dann passieren Ihnene höchst selten **Fauxpas** ! »
Lillian Eichler, *So oder so ?*, 2004.
Surtout, faites preuve de tact, alors les faux pas seront rares.

En 1694, l’Académie française consigne sans hésiter quelques usages particuliers de l’adjectif « faux ». « Il signifie aussi Qui n’est pas de la façon qu’il doit estre […]. Et c’est dans ce sens qu’on dit *Faux bond, faux pas*. » L’expression avait déjà conquis l’Angleterre : « Before this **faux pas**… the world could not talk of me », avant ce faux pas… le monde ne pouvait parler de moi, s’exclame William Wycherley dans *The Plain dealer* en 1676. S’invitèrent aussi en anglais les « pas » de la danse française et, dès 1762, sont attestés le **pas de deux** et le **pas de trois**, puis en 1786, le **pas seul**, « a dance for one person », le **grand pas**, « a suite of dances », et en 1914, le **pas de chat**. Il y eut même, en 1762, le sérieux **pas grave**, solennel, « a solemn danse ». Enfin, ne pas oublier le **mauvais pas**, en anglais un passage difficile en montagne. Et attention au « faux pas » hors des montagnes, signalé par Lillian Eichler : « Ausserden bestheh der zweite **Fauxpas** darin, das er die Frucht mit der Gabel genommen hat » : de plus, son deuxième faux pas est qu’il a pris le fruit avec une fourchette ! Ach…

"DÉJÀ-VU"

Langue espagnole : « Estoy teniendo un **déjà-vu** muy fuerte. »
Extrait d'un manuel espagnol.
Je ressens un fort sentiment de déjà-vu.

En 2003, le romancier américain Stephen King publie un article consacré au « déjà-vu » intitulé « That feeling : you can only say what it is in french », ce sentiment, vous ne pouvez l'exprimer qu'en français. Cette « sensation du *déjà-vu* » correspond en effet à une expression créée en 1876 par Émile Boirac, qui l'expliqua dans une étude intitulée *L'Avenir des sciences psychiques*, faisant autorité au point qu'elle fut adoptée internationalement. La description de ce phénomène consistant à vivre une situation comme si on l'avait déjà vécue trait pour trait, alors que c'est impossible, avait déjà été évoquée au Ve siècle par saint Augustin dans *De Trinitate* l'appelant alors « falsae memoriae ». De manière significative, plus de vingt chansons anglaises portent le titre de « déjà-vu », inspirant ainsi, entre autres, Iron Maiden, Eminem, Shakira, Beyoncé. « Baby, I swear », je le jure, « it's **déjà-vu** », s'écrie ainsi cette dernière dans un rap de juillet 2006. Le « déjà-vu » peut aussi être un constat de redite, comme l'illustre le quotidien allemand *Die Zeit* en janvier 2017 : « Auf den ersten Blick das alles aus wie ein **Déjà-vu** », à première vue, tout cela ressemble à du déjà-vu. Combien de fois ?

“AVANT-GARDE”

Langue allemande : « War die **Avantgarde** wirklich so antibürgerlich, war sie nicht eher *im Trend.* »
Die Zeit, 11 octobre 1985.
L’avant-garde était-elle vraiment si antibourgeoise, n’était-elle pas plutôt tendance ?

Avant de définir un mouvement novateur, artistique, scientifique ou technique, l’avant-garde, mot attesté dès 1150, désigne la partie d’une armée placée en tête. Un premier mot l’a précédée, l’*engarde*, encore en usage au XIIIe siècle chez Villehardouin évoquant « les enguardes à vingt mil chevaliers ». Dès le XVIe siècle, par analogie, l’avant-garde correspondit aussi à tous les précurseurs : « Ce fut une belle guerre que l’on entreprit lors contre l’ignorance, dont j’attribue l’avant-garde à Seve, Beze et Pelletier […], avant-coureurs des autres poètes », rappelle l’humaniste Étienne Pasquier. Au XVe siècle, le mot franchissait la Manche : « Next followed the **avantguard** », ensuite a suivi l’avant-garde, écrit Hayward en 1627 décrivant les batailles d’Edward VI. Le mot pénétrait aussi en allemand, avec son sens artistique : « Wenn es **Avantgarde** gibt, so nur dann, wenn sie leine Mode ist » : si avant-garde il y a, c’est seulement si elle n’est pas à la mode, est-il affirmé dans *Die Zeit* en décembre 1957. L’avant-garde ne se conjugue pas au présent.

UN MOT QUI S'EXPORTE ET SE MÉTAMORPHOSE

En 1487, était attesté en anglais le « vanguard », abréviation du mot qui venait d'être emprunté à la langue française dans une orthographe approximative, « the **avantguard** ». Par essence, ce dernier serait aux avant-postes en Espagne et en Italie, franchissant les frontières en subissant quelques adaptations. C'est ainsi qu'en espagnol, naîtrait « el **vanguar-dismo** », relevant de la même suppression de la voyelle initiale, et désignant comme en français, en les cumulant, le sens militaire et l'esprit pionnier. Cela n'exclut pas de voir apparaître tel quel le mot français, témoignant ainsi de l'influence pérenne française : « La banda de Miles estaba influenciada por el **avant-garde** y también por el free jazz », le groupe de Miles a été influencé par l'avant-garde et aussi par le free-jazz, peut-on lire dans la presse musicale. Quant à l'italien, il se présente à l'identique avec une adaptation du mot français, devenant l'**avanguardia**, correspondant tantôt au vocabulaire de la guerre, l'« **avanguardia** dell'armata rossa », évoquant l'armée rouge en 1945, tantôt à la dimension pionnière : « Ma queste sono opere d'**avanguardia** ! », mais ce sont des œuvres d'avant-garde ! L'avant-garde relève assurément d'un regard tourné vers l'« horizon » , de l'ancien français *orizon*... Ce qui rappelle justement une réflexion tirée en 1947 de la revue anglaise *Horizon* : « A literature without an **avant-garde** soon becomes a literature without a main body. » Une littérature sans une avant-garde devient rapidement une littérature sans corps. Tout corps a besoin d'un avenir !

“CONTRETEMPS”

Langue anglaise : « I am grieved than I can express by a cruel **contretemps**. »
Maria Edgeworth, *Manoeuvring*, 1809.
Je suis plus affligé que je ne peux l'exprimer par un cruel contre-temps.

Le « contretemps », naguère souvent muni d'un trait d'union, reste de morphologie transparente, il s'agit bien, en effet, d'« un temps mal pris pour dire ou faire quelque chose », souligne Furetière en 1690. À dire vrai, le mot est d'abord né en 1559 dans l'univers de l'équitation, désignant « une mesure ou cadence interrompue », d'où son extension à la danse, « lors que le pied qu'on doit poser étant en l'air, on saute sur l'autre pied avant que de danser », insiste Furetière. De l'équitation à la danse et à l'escrime, il n'y avait qu'un pas à franchir. L'expression « à contretemps » apparaît en 1611, et l'assimilation au fâcheux incident en 1654. Dès 1680, les Anglais adoptent le contretemps pour l'escrime et la notion d'accident imprévu en 1802. Ainsi, en 1684, Robert Howlett donne-t-il ce conseil, l'épée à la main : « You must **contretemps** him in the face », vous devez le toucher à contretemps au visage… rien de réjouissant. Et à Thomas Martin de déclarer en 1842 dans *My Namesake* « I am used to these little **contretemps** », je suis habitué à ces petits contretemps. Sans doute repartira-t-il du bon pied.

« À LA MINUTE »

Langue néerlandaise : « Ik zal het gerecht **à la minute** bereiden. »
Exemple de manuel.

Je vais préparer le plat à la minute.

Le mot « minute » est si courant qu'on en oublie l'origine : ce qui est petit, menu, *minutus* en latin. On évoqua d'abord, au XIIIe siècle, la « minuce », toute petite division du temps, devenant en 1392 la soixantième partie de l'heure. Entrée dans force expressions, on en retrouve la trace par exemple en hollandais avec « à la minute », immédiatement. S'agissant du temps qui s'écoule, on peut être en avance, et on découvrira dans le lexique néerlandais que tel ou tel était « ein realist **avant la lettre** ». L'expression relève à l'origine du vocabulaire de l'imprimerie et correspond à une gravure imprimée avant qu'on y ait porté la légende en toutes lettres. En 1862, SainteBeuve évoquait son siècle pétri d'« émotions passagères, d'engouements à la minute », entendons ressentis « tout de suite ». Cette dernière formule qui signifiait à l'origine « d'affilée », avant de devenir synonyme d'« immédiatement », séduisit les Anglais : « If you see Moore tell him that I am writing **tout de suite** », si vous voyez Moore, dites-lui que j'écris tout de suite, précise en 1895 Ernest Dowson dans l'une de ses lettres. Dès que « possible ». **Possible** ? Encore un mot d'origine française…

“ROUTINE”

Langue anglaise : « Routine gradually congeals their sensibilities. »
Henry Theodore Tuckerman, *Thoughts on the Poets*, 1846.
La routine fige progressivement leurs sensibilités.

La routine n’a pas toujours été assimilée à la définition facétieuse des verbicrucistes : « Train-train. » Lorsqu’en 1580, dans ses *Essais*, Montaigne explique qu’il « n’apprit jamais la langue que par routine », il faut l’entendre comme un « usage acquis par une longue habitude, sans le secours de l’estude & des règles », selon la définition de l’Académie française en 1694. On est ici proche de son étymologie : une route très fréquentée. Existait alors le verbe « routiner » : « À force de routiner une langue, on l’apprend à la fin », précise ainsi Furetière en 1690. De la répétition irréfléchie naîtra cependant au XVIIIe siècle une acception l’assimilant à un obstacle à tout progrès. Ces divers sens seront repris en anglais avec d’un côté le « strong effort to bring my mind into the **routine** of business », le rude effort pour assimiler la pratique usuelle des affaires, évoqué par Robert Burns en 1788, et de l’autre dénoncée en 2015 dans le magazine *Metro* : « the same **routine** most evenings, get depressed by the news », la même routine la plupart des soirs, consistant à être déprimé par les nouvelles. Déprimante routine…

DE LA ROUTINE AU « PLUS ÇA CHANGE »…

« Ne vous inquiétez pas, c'est la routine », est-il donné comme exemple par l'Académie française dans la dernière édition de son dictionnaire, pour illustrer une routine assimilée à une manière habituelle et rassurante de procéder dans tel ou tel domaine, d'où le « contrôle de routine ». En anglais, sans nuance péjorative, est, par ailleurs, née la routine informatique, un programme effectuant seul une opération souvent répétée. « Ich habe mir die **Routine** angeeignet, morgens die Zeitung in der digitalen Form zu lesen », est-il écrit dans le *Rhein-Zeitung* du 15 mars 2021 : « J'ai acquis la routine de lire le journal sous forme numérique le matin. » Il arrive, par ailleurs, qu'une expression française soit reprise dans une autre langue et prenne son autonomie au point de ne plus nous être comprise. Ainsi comment interpréter ce propos tiré du *Times* du 12 mai 2000 : « Well, **plus ça change** : tell us something we don't know », c'est-à-dire « Bien, plus ça change : dites-nous quelque chose que nous ne savons pas. » Ce qui, pour un lecteur français, reste obscur. Or, un Anglais cultivé comprend parfaitement ce propos, il s'agit, en effet, de l'expression française « Plus ça change, plus c'est la même chose » raccourcie de sa seconde moitié. L'expression complète eut un tel succès que, dans le *Northern Whig* du 27 février 1892, était seulement avancé « **Plus ça change**, &c. », la suite étant, de fait, collectivement mémorisée par les Britanniques. C'est ainsi que « plus ça change » devint tout naturellement un article de dictionnaire. « Ça change » de la routine…

“BONSOIR, BON JOUR”

Langue anglaise : « To morrow, with horn and hound,
we give your grace **bon jour**. »
William Shakespeare, *Titus Andronicus*, 1594.
Demain, avec corne et chien, nous donnerons à votre grâce le bon jour.

Si la formule française « bon jour » a officiellement intégré la langue anglaise dès 1570, elle se dit aujourd'hui plaisamment, à l'égal de notre « good morning ». En 1912, dans *The House of Chance*, on peut apprécier le ton charmant de Gertie de S. Wentworth-James : « **Bon jour**, mademoiselle, said the femme-de-chambre as she laid the tray across Miss Kissler's knee », en déposant un plateau sur les genoux de Mlle Kissler. Il en va de même de « bonsoir », plus rare encore, mais compris de tous : « She could only say **bon soir, madame**, in her school-girl french », seuls mots retenus dans son français d'écolière. Attestée au XIIe siècle, « faire son bon jour » était recevoir pieusement la communion, avant que « donner le bon jour » ne soit plus qu'un souhait. La formule obéissait naguère à un code : « Je vous donne le bonjour » ne s'employait guère « que par le supérieur à l'égard de l'inférieur », précise encore l'Académie française en 1740. Heureusement, donner le « bonsoir » était d'usage plus simple !

“ESPRIT D’ESCALIER”

Langue anglaise : « No one will know what spirit of the staircase is who is not already familiar with **esprit d’escalier**… »
Henry Watson et Francis George Fowler, *King’s English*, 1906.
Personne ne saura ce qu’est l’esprit de l’escalier s’il n’est pas déjà familier avec l’esprit d’escalier.

Qui ne s’est pas reproché de n’avoir pensé qu’après coup à la juste répartie qui aurait fait mouche dans une conversation ? Hélas, il est trop tard, on a déjà quitté l’assemblée. On doit à Diderot dans le *Paradoxe sur le comédien,* publié en 1773, d’avoir décrit le premier cette sensation en usant d’une image qui s’est imposée et a gagné d’autres pays, notamment l’Angleterre. On l’a appelée « l’esprit d’escalier » ou « de l’escalier », par allusion à l’autocritique de Diderot, « homme sensible », « tout entier à ce qu’on lui objecte », mais qui « perd la tête et ne se retrouve qu’au bas de l’escalier », au moment de partir. Dans ses *Confessions*, Rousseau exprimait le même regret : ne pas savoir communiquer au bon moment. En allemand, on évoque le « Treppenwitz », *treppen* désignant l’escalier et *witz* l’esprit : il s’agit d’un calque de la formule française, le sens initial en étant modifié, en devenant synonyme d’incident ou de mauvaise plaisanterie. Et là, aucune envie de remonter l’escalier.

“FAIT ACCOMPLI”

Langue allemande : « Warum hast du mich vor ein **Fait accompli** gestellet ? Ich wusste du hättest ni ja gesagt. »
Sous-titrage du film *Sissi*, 1955.
Pourquoi m'as-tu mis devant le fait accompli ? Je savais que tu n'aurais jamais dit oui.

Depuis le XIIe siècle, un « fait » correspond à ce qui est arrivé, accompli. Et « mettre quelqu'un devant un fait accompli », c'est l'obliger à accepter une situation irréversible. « La diplomatie française pouvait bien obtenir de la Société des nations un blâme de principe pour Hitler, ce n'étaient là que gestes et mots en face du fait accompli », rappelle le général de Gaulle, dans ses *Mémoires de guerre* en 1954. La formule en usage depuis la fin du XVIIIe siècle a conquis d'autres langues : « This is now a **fait accompli** » écrit l'Anglais Richard Ford, en 1845, dans son *Handbook for Travellers in Spain*. « Iem voor een **fait accompli** stellen », mettre quelqu'un devant un fait accompli, lit-on en néerlandais. Affirmé en 1948 dans le *Daily Globe* du Michigan, « The British are pragmatists and have a tendancy to accept any **fait accompli** », les Britanniques sont pragmatiques et ont tendance à accepter tout fait accompli. Soit. Ou encore « voilà », une interjection appréciée des Anglais : « **Voilà** a truly long letter », voilà une très longue lettre, écrit Walpole en 1778.

“DOYEN”

Langue anglaise : « The **doyen** of the Tribune group scored an own goal on Wednesday night. »
The Economist, 1975.
Le doyen du groupe Tribune a marqué un but contre son camp, mercredi soir.

« Doyen. Ce mot vient de *Decanus* qui se disoit chez les Romains de celui qui presidoit à dix soldats », rappelle Furetière en 1690. Il désigna aussi le « dizenier », le responsable d’une dizaine de personnes au Moyen Âge dans la garde bourgeoise, ou encore dans un monastère. Ce fut ensuite le maître élu d’un groupe d’artisans, puis par glissements successifs de sens, dès 1660, le plus âgé, « le plus ancien membre d’un corps », souvent élu, comme le rappelle aussi Richelet en 1680. Que l’on soit doyen ou doyenne d’une abbaye, d’une université, d’une académie, d’une cour d’appel, ou encore d’une association, la formule est assurément valorisante et va conquérir l’Angleterre, le mot y entrant dès le XVe siècle, précédé un siècle plus tôt par le « dean », de même sens. « The **doyen** of english judges retired », le doyen des juges a pris sa retraite, lit-on en 1897 dans la *Westminster Gazette*. Au Grand Siècle, une acception du mot, relevée par Furetière, s’avère fort plaisante et enviable : « Le doyen d’une auberge, d’une pension, a droit d’avoir la plus belle chambre, & la première place à table. » Était-il très âgé ?

“BELLE ÉPOQUE”

Langue anglaise : « At almost forty, I had my **belle époque**. »
The American Scholar, 1991.
À presque quarante ans, j’ai eu ma belle époque.

« Chrononyme rétrospectif », est-il parfois savamment dit à propos de la « Belle Époque », représentant effectivement une formule figée, définissant une période précise d’autrefois, ici celle s’étalant en France de la fin du XIXe siècle jusqu’en 1914. Elle correspond, en Grande-Bretagne, aux époques victorienne, puis édouardienne, symbolisées par les règnes de la reine Victoria et du roi Édouard VII. Ainsi, les quatre décennies qui suivirent la guerre franco-prussienne de 1870 ont correspondu en Europe à un intense progrès culturel, social et économique, d’où la désignation de « Belle Époque » née dans les années 1920. Les Anglais avaient cependant déjà retenu l’expression avec son sens large, évoquant, en 1910, dans l’*Achitectural Record,* « the “belle époque” of Louis XVI ». De fait, si on n’ignora pas outre-Manche la « Belle Époque », la formule fit surtout souche au sens propre : « I’m going so damn good now, and in a real **belle époque** », je vais sacrément bien maintenant et dans une vraie belle époque, écrit ainsi Aaron Edward Hotchner, en 1966, dans *Papa Hemingway*. À chacun sa belle époque !

BELLES ÉPOQUES…

Si dans le quotidien allemand *Die Zeit* du 28 avril 2016 peuvent être évoquées les « Femmes fatales der [de la] **Belle Époque** », et si, en 1960, dans *The Guardian,* sont signalées les « mythical institutions in the Paris society of the **Belle Époque** » – par exemple, le Moulin-Rouge ouvert en 1889, Maxim's dès 1893, Le Chat Noir et sa revue dès 1882 –, de fait, la « Belle Époque » a aussi souvent été invoquée hors de son cadre chronologique pour devenir synonyme de « période heureuse, faste ou remarquable ». Ainsi, non sans humour, l'écrivain américain James Shreeve présente-t-il, en 1995, dans *The Neandertal Enigma* « a skull – about 70 000 years old, dating from the Neandertal **Belle Époque** », un crâne vieux de 70 000 années datant de la « Belle Époque » de Néandertal. De même dynamique est l'expression « fin de siècle », les années 1880 étant perçues comme décadentes ou, au contraire, marquantes à l'échelle européenne, en pensant entre autres au symbolisme et à l'Art nouveau. Ainsi, en 2003, dans *Visions/Revisions*, Nigel Harkness extrapole sans hésiter : « Now that another **fin-de-siècle** has intervened, we know that the concept cannot escape », maintenant qu'une autre fin de siècle est arrivée, nous savons que le concept ne peut disparaître. Quant au mouvement cinématographique appelé « nouvelle vague », en octobre 1957, par Françoise Giroud, on lit dans un numéro du *Times* de 1974 qu'en termes de chronologie « the celebrated **nouvelle vague** of the late Fifties » de la fin des années cinquante, mérite d'être reconnue. Assurément.

Mots et expressions pratiques et distrayants

« Entreprendre : Prendre la résolution de faire quelque chose, quelque action, quelque ouvrage. *Entreprendre une besogne, un voyage, un bastiment, une guerre, entreprendre de traduire, d'expliquer un autheur.* »

Dictionnaire de l'Académie française, article Entreprendre, 1694.

« Le plaisir du voyage, ce sont les mille et un balanciers différents
que les hommes ont inventés, pour se tenir en équilibre sur le fil de la vie. »

Claude Roy, *Les Rencontres des jours*, 1993.

« Le voyage fait de chacun un écrivain : au revoir, je vous écrirai,
je vous décrirai ce qui nous sépare. »

Chantal Thomas, *Comment supporter sa liberté*, 1998.

« Je voulais juste sentir quel goût avaient ces mots. »

Jostein Gaarder, *Dans un miroir obscur*,
traduction par Hélène Hervieu, 1998.

“PIED-À-TERRE”

Langue espagnole : « Vivimos en el campo y tenemos un **pied-à-terre** en París. »
Exemple de dictionnaire.
Nous vivons à la campagne et avons un pied-à-terre à Paris.

Le « pied-à-terre » désigne d’abord une « sonnerie de trompette » rappellent les étymologistes. Quel rapport établir alors avec l’expression relevée au XVIIIe siècle et consignée par l’Académie française en 1835 : « Avoir un pied à terre, pour dire, avoir un petit logement dans un endroit où l’on ne vient qu’en passant » ? En fait, cette sonnerie propre à la cavalerie donnait la permission aux cavaliers de poser le pied à terre, puis de disposer pour trouver de quoi se loger pour la nuit. Par extension, naissait l’idée d’un logement temporaire. Et la formule allait séduire d’autres pays. En 1829, se repère ainsi le « pied-à-terre » séjournant dans la langue anglaise. Ainsi, en 1870, Rossetti remercie son correspondant de lui avoir prêté « a much more independent and promising **pied-à-terre** ». On lira aussi dans le quotidien allemand *Die Zeit,* en 1983, que « er und seine Frau haben sich in Berlin ein **pied-à-terre** gemietet », lui et sa femme ont loué un pied-à-terre à Berlin. En Italie, Vincenzo Cardarelli rappellera que les artistes célèbres de la Renaissance étaient dotés d’un **piede a terra**. À Rome.

DU PIED-À-TERRE AU CHALET ET À LA ROULOTTE

« Il habite à la campagne, et n'a qu'un *pied-à-terre* à Paris », tel est dans la sixième édition du *Dictionnaire de l'Académie française*, l'exemple illustrant en 1835 la définition de ce type de logement. Bénéficier d'un pied-à-terre dans la capitale est assurément signe d'une certaine aisance financière, et la même remarque conviendrait à la personne disposant, au-delà de sa demeure principale, d'un chalet à la montagne. Tout comme le « pied-à-terre », le « chalet » – un mot suisse transmis par Jean-Jacques Rousseau – a franchi les frontières. Ainsi, depuis le début du XIXe siècle, le « chalet » est-il solidement implanté dans la langue anglaise : « In the inter-war years, small **chalet** bungalows were erected in large numbers », pendant l'entre-deux-guerres, des petits chalets bungalows ont été érigés en grand nombre, affirme ainsi en 1997 Tom Williamson dans *The Norfolk Broads*. Il peuvent, d'ailleurs, à l'extérieur, être agrémentés par « a **parterre** of flowers », les « **parterre** gardens » étant depuis le XVIIe siècle chose courante en anglais. « Durante la guerra, il babbo fece costuire uno **chalet** », il a fait construire un chalet, signale le bibliophile italien Franco Maria Ricci à propos de son père dans un entretien en février 2014. On n'oubliera pas, dans ce registre, l'anglaise **little maisonnette**, petite petite maison. Enfin, en général en rien un signe de richesse, la « roulotte » fait partie des mots retenus dans le dictionnaire de l'Académie royale espagnole, en tant que synonyme de caravane. Un pied-à-terre sur roues ?

“BRICOLAGE”

Langue italienne : « Il **bricolage** è un'attività creativa che può essere molto divertente. »
Exemple de dictionnaire.
Le bricolage est une activité créative qui peut être très amusante.

Le « bricolage », mot attesté en français en 1927, est né du verbe « bricoler » en usage dès 1480, et signifiant alors « aller par-ci, par-là ». D'où le fait d'« utiliser les bandes au billard » et, acception oubliée, « manœuvrer par des moyens détournés ». Le sens a ensuite évolué, « bricoler » consistant à exécuter de menues besognes, puis dès 1919, à réparer quelque chose tant bien que mal. À l'origine, la « bricole » désignait une catapulte lançant de lourds projectiles à l'abri de l'ennemi, de là vint l'idée du moyen détourné associé à des résultats approximatifs. Le paradoxe est que l'origine du mot est l'italien « briccola », catapulte, et que son lointain dérivé français, « bricolage », deviendra à son tour italien aux sens propre et figuré comme l'illustre cet exemple simpliste : « communque, la politica è sempre une questione di **bricolage** », la politique reste cependant toujours une question de bricolage. Enfin, en adoptant « the **bricole** », les Anglais reprirent tous les sens français du verbe « bricoler ». En 1960, Roy Cohn l'affirme : « Adolescence is the period par excellence of **bricolage**. » Eh bien, restons jeune !

“PARQUET”

Langue italienne : « Le logge del teatro erano troppo piccole per le dame ; il **parquet**, troppo angusti pei dilettanti. »
Gazzetta Musicale di Milano, n° 18, 1844.
Les loggias du théâtre étaient trop petites pour les dames ; le parquet, trop étroit pour les amateurs.

Du bas latin « parcus » est issu en 1155 le « parc » et, désignant un enclos, le « parquet » qui n'est autre à l'origine qu'un petit parc. Au XIVe siècle, le parquet prit un double sens, définissant tantôt un lieu clos de branches, tantôt la partie d'une salle de justice. Plus tard au XVIIIe siècle, ce fut, au théâtre, l'espace délimité entre l'orchestre et le parterre. Enfin, attesté en 1398, voici le panneau d'un retable, dressé sur un autel, puis le compartiment de bois posé au sol et servant ainsi de plancher. Tous ces sens seront adoptés au fur et à mesure par les Anglais. « The **parquet** have investigated as best they could », le parquet a enquêté du mieux qu'il a pu, écrit Durrell dans *Balthazar* en 1958. Et à Dorothy Syers de déplorer en 1935, dans *Gaudy Night*, une grosse éclaboussure : « There was a big splash of paint on the **parquet**. » Et en 1994, dans *Novecento*, l'Italien Alessandro Baricco décrit avec grâce ce moment où avec l'océan, « con l'oceano », de beaux danseurs s'élancent « sul dorato **parquet** de la notte », sur le parquet doré de la nuit. Parquet magique.

“CHAISE LONGUE”

Langue russe : « On lyubit delat’dremu posle poludnya na **shizlonge**. »
Exemple didactique.
Il aime faire la sieste l’après-midi sur la chaise longue.

On doit à Saint-Simon, en 1710, la première mention de la « chaise longue ». Et Littré, pourtant peu enclin à offrir les mots récents, de la définir ainsi en 1873 : « Sorte de lit ou de canapé qui n’a de dossier qu’à un bout. » Existaient déjà le « triclinium », un « lit de table » romain pour trois, le « lit de repos » du XVIIIe siècle, la « duchesse » sous le Directoire, et la « récamière », par référence à Chateaubriand décrivant Mme Récamier « languissamment étendue sur une chaise longue ». Ce seront les « bains de soleil » sous Napoléon III et le « mobilier de pont » des transatlantiques – d’où le « transat » – qui imposeront l’image moderne de la chaise longue, sans oublier, en 1928, Le Corbusier donnant à cette « machine à repos » ses lettres de noblesse. C’est telle quelle que la « chaise longue » entre en anglais, en espagnol et en russe, prononcée à la française, tout comme en italien : Italo Calvino peut rappeler la dimension curative de l’objet en sanatorium, « per tutta Europa tra letto e **chaise longue**, e scrivania », dans toute l’Europe entre lit et chaise longue, et bureau. On la préfère au bord de la piscine.

“ABAT-JOUR”

Langue italienne : « Vecchio divano in pelle con due poltrone laterali, una sedia e due lampade **abat-jour** poste su due cavalletti. »
Incipit de *Una serena inconsistenza*, Gianluca Morini, 2005.
Vieux canapé en cuir avec deux fauteuils latéraux, une chaise et deux lampes à abat-jour posées sur deux chevalets.

En 1670 est attesté l'« abajour », une fenêtre en forme de soupirail, aménagé pour recevoir le jour. En 1728, il devenait une toile ou bien des volets orientant la lumière. Enfin, en 1829 apparaissait le réflecteur rabattant la lumière d'un appareil d'éclairage. Ainsi Balzac peut-il évoquer en 1839, dans *Béatrix*, « des abat-jour en lithophanies » – des porcelaines dotées de parties transparentes – et, en 1848, Flaubert décrit-il « un quinquet muni d'un abat-jour en tôle ». Le bel objet ferait dès lors, en français, la conquête de nombre de pays. « A small brass lamp, with a green **abat-jour** », une petite lampe en laiton, avec un abat-jour vert, précise en 1906 la baronne Orczy dans *I Will Repay*. On retrouvera à l'identique le mot en italien, mais aussi phonétiquement repris en russe, **abazhur**, tout comme en polonais, **abazur**, ou en portugais, **abajur**, sans oublier l'albanais **abazhurik**. De soie, orné de dentelle, de carton vert, en verre cannelé, ou de perles, l'abat-jour fait rêver le soir venu.

“BRIC-À-BRAC”

Langue anglaise : « There are still record shops, crafters and **bric-a-brac** purveyors. »
Daily Telegraph, 2018.
Il y a encore des magasins de disques, artisans et fournisseurs de bric-à-brac.

Dans la scène VII du premier acte de la *Comédie de proverbes* publiée par Adrien de Monluc, probablement en 1616, Philistin s’adresse en ces termes à Alaigre : « Il semble à t’entendre que je sois un [e] huistre en escaille ou quelque sot qui parle à *bricq et bracq…* » Ce serait la première trace d’une expression d’origine obscure, que Littré pense néanmoins être formée en imitant « de bric et de broc », née au début du XVIIe siècle et signifiant « de manière disparate ». Cette formule expressive rappelle d’ailleurs « en bloc et en blic », déjà en usage au XVe siècle. « À tort et à travers » reste le premier sens de « à bric et à brac » avant de devenir un « bric-à-brac », un amas d’objets hétéroclites. « Comment peut-il se reconnaître dans son bric-à-brac ? », est-il donné comme exemple par l’Académie en 1935. L’expression gagnera l’Angleterre au XIXe siècle : « A poor dealer in knick-knacks and **bric-à-brac** », un piètre marchand de bibelots, lit-on en 1830 dans la *Foreign Literary Gazette*. Et si on dénichait dans ce bric-à-brac une **peluche** et un **carillon** ? Deux mots italiens. D’origine française.

“ENTREPRENEUR”

Langue allemande : « Berlin braucht noch mehr junge **Entrepreneure**. »
Berliner Zeitung, 20 octobre 2001.
Berlin a besoin d’encore plus de jeunes entrepreneurs.

« Entreprendeur » et surtout « empreneur, emprendeur », dit-on au XIIIe siècle en attendant que soit attesté l’« entrepreneur » dès 1422. Dérivé du verbe « prendre », le verbe « entreprendre » surprend en signifiant d’abord « attaquer », ce qu’illustre le neveu de Charlemagne, « moult *entrepris* à Roncevaul entre ses anemis ». Puis « entreprendre quelqu’un » deviendra le séduire. Enfin, comme le signale Richelet en 1680, l’entrepreneur sera maître d’œuvre de « quelque bâtiment ou autre chose », sans oublier l’« entrepreneuse qui a plusieurs ouvriers ». En 1828, était attesté le mot en anglais, désignant d’abord un directeur de théâtre, puis vers 1850, un homme d’affaires. « Instinctive **entrepreneur**, you know that 2 + 2 makes whatever you want », instinctif entrepreneur, vous savez que 2 + 2 font ce que vous voulez, remarque Leon Griffith en 1985 ! Outre-Rhin, si l’on en croit le *Berliner Zeitung* du 4 septembre 2000, « Alle erfolgreichen **Entrepreneure** seien durch Phasen des Misserfolgs geschritten », tous les entrepreneurs qui réussissent sont passés par des phases d’échec. Le fameux échec constructif ?

“FAITES VOS JEUX”

Langue anglaise : « Faites vos jeux, messieurs, said the chief croupier. »
Arnold Bennett, *A Great Man*, 1904.
Faites vos jeux, messieurs, dit le croupier, chef de table.

Les auteurs de mots croisés n’ont que l’embarras du choix pour définir le « casino » : « Société à *roulettes* », « station de *chemin de fer* », « *rien ne va plus* quand on s’y trouve », etc. En fait, tous ces mots français sont devenus pour ainsi dire internationaux, à l’instar du « casino ». À ceci près que ce dernier vient de l’italien, où il désigna littéralement une « petite maison » de plaisance, puis une maison de jeu. C’est avec ce sens que le mot fut emprunté à l’italien en 1740. Cependant, l’idée d’un établissement de luxe dans une station touristique, incluant une maison de jeu, comme le casino d’Enghien-les-Bains, reste proprement française. Et le principe s’en est exporté dans nombre de pays, y compris en Italie. « **Faites vos jeux**. Tiny **roulettes** planets fly from his hands », de minuscules planètes de roulette – les jetons – volent de ses mains, écrit joliment James Joyce en 1922 dans *Ulysse*. « The **croupier** » déclare « **rien ne va plus** », prévient Arnold Bennett, en 1904, dans *A Great Man*. Le « croupier », à l’origine sur la croupe du cheval, puis derrière le joueur, a su se rendre central. Et international.

“EN PLEIN AIR”

Langue allemande : « In der Bergmannstrasse, man kann **en plein air** frisch gepressten Orangensaft erwerben. »
Berliner Zeitung, 12 avril 2003.
Dans la Bergmannstrasse, on peut acheter du jus d’orange fraîchement pressé en plein air.

En 1762, Rousseau l’affirme dans *Émile* : « Tant que je me sentais en plein air, je n’eus jamais de frayeurs nocturnes. » En 1835, l’Académie française lui fait écho dans un exemple : « Il a passé la nuit en plein air. » De fait, même si en 1694, on trouve, dans le *Dictionnaire de l’Académie,* le constat plaisant que « tout est plein d’air », la formule « en plein air » ne fut vraiment en usage qu’au XVIIIe siècle. On rencontre néanmoins la formule « le plein air », dès 1669, dans le vocabulaire des peintres pratiquant le « plein air », c’est-à-dire quittant l’atelier pour peindre à l’extérieur. Au XIXe siècle, le plein air caractérisera l’école de Barbizon. Enfin, dès 1930, se développent les activités sportives de « plein air ». L’expression est attestée en anglais dès 1888 : le typhus est rare, précise *The Practionner*, pour « who live largely **en plein air** », pour qui vit largement en plein air. « Teatro » ou « pittura [peinture] **en plein air** » dit-on en Italie. « Werkschau [rétrospective] **en plein air** », lira-t-on en Allemagne. L’air de rien, l’expression a voyagé.

“TOUCHÉ”

Langue anglaise : « **Touché**… he nodded, accepting the rebuke. »
Anthony Price, *Soldier No More*, 1981.
Touché… il hocha la tête, acceptant la réprimande.

Dans la langue des Francs était en usage le verbe *skirmjan*, défendre, aboutissant à l'ancien français « escremie », le combat. Le mot passa en italien, devenant *scrima*, puis nous l'empruntâmes pour retenir l'« escrime » d'abord synonyme de combat avant de constituer, comme le définira Furetière en 1690, l'« exercice de Noblesse qui apprend l'art de se servir de l'espée pour blesser son ennemi, & pour se garantir de ses attaques ». Or, le talent de nos « maistres en fait d'armes » fut tel que leur vocabulaire s'imposa dans l'Europe entière. Aussi le français est-il aujourd'hui la langue officielle adoptée dans les compétitions internationales avec des annonces telles que **en garde, prêts, allez, halte, attaque, arrêt, contre-attaque, parade, contre-temps, point, non valable**, que tout escrimeur, quelle que soit sa langue, comprend. Enfin, le sens figuré a parfois été également adopté : en allemand, un **touché** est une personne concernée. Dans le *Berliner Zeitung* du 11 décembre 2000, on évoquera ainsi « der Tebenie-Gruppe **Touché** », le groupe d'adolescents concerné. Quant à la « French touch », *touch* étant d'origine française, voilà une touche qui nous ravit…

“DÉPRESSION”

Langue russe : « **Depressiya** mozhet byt’svyazana s razlichnymi faktorami, takimi kak genetika, okruzhayushchaya sreda i obraz zhizni. »

Manuel russe, XXIe siècle.

La dépression peut être liée à différents facteurs tels que la génétique, l’environnement et le mode de vie.

« Il en restera tousjours quelque depression en la partie, avec depravation de la jambe », énonce le chirurgien Ambroise Paré au XVIe siècle. Une traduction anglaise de ses remarques circulera dès 1591. On tient là l’origine du mot, le latin *depressio*, enfoncement, repris en 1314 dans le domaine de l’anatomie. On en trouve sans étonnement la trace en anglais, illustrée en 1617 : « If a **depression** of Cranium be, strive with the elevatorie to raise it », si un enfoncement du crâne se produit, essayez avec l’élévatoire – un instrument de chirurgie – de le redresser. Les autres sens français rejoindront l’anglais : l’abattement moral en 1650, la dépression climatique en 1891, économique en 1934. *Depressione* disent les Italiens en partant du latin, usant aussi parfois du mot français. On relève ainsi « depression » en allemand, en danois et, avec quelques adaptations, en polonais et en russe. Le mot aura traversé mers et montagnes. « Traversée de l’amer », proposent les verbicrucistes…

“COQUELUCHE”

Langue portugaise : « O repórter pergunta se viu *Tropa de Elite*, a atual **coqueluche** sobre o tema. »
O Estado de São Paulo, 21 novembre 2007.
Le journaliste lui demande s’il a vu *Équipe d’élite*, la coqueluche actuelle sur le sujet.

Au XVe siècle, Enguerrand de Monstrelet fut l’un des premiers à évoquer la coqueluche : « Adonc regnoit par toutes les parties du royaume une maladie generale qui se tenoit en la teste, de la quelle moururent plusieurs personnes, tant vieux que jeunes, et se nommoit icelle la coqueluche. » Caractérisée par des maux de tête et une toux tenace, elle pourrait sans certitude étymologique avoir été ainsi appelée parce que la tête étant prise, on aurait usé d’un mot déjà attesté en 1414, la « coqueluche », un capuchon volontiers porté par les malades. S’y ajouterait la référence au coq rappelant par son cri une toux sèche. Enfin, en 1625, en écho à l’expression « être coiffé de quelqu’un », « être la coqueluche » a aussi signifié être l’objet d’un grand engouement. « Moi syn podkhvati **koklusz** », mon fils a attrapé la coqueluche, dit-on en russe. Et au Portugal et en Allemagne, les sens propre et figuré sont de mise. Il est la « **coqueluche** der Damenwelt », de ces dames, écrit Louise von François en 1918. Ce qu’un coquelucheux ne peut pas être.

“EN ROUTE”

Langue anglaise : « They changed horses twice **en route**. »
Alexander Innes Shand, *Shooting the Rapids*, 1872.
Ils ont changé de chevaux deux fois en cours de route.

La « route » n’est pas de douce origine. Elle vient, en effet, du latin *rumpere*, rompre, et de l’abréviation de *via rupta*, chemin rompu, c’est-à-dire taillé dans le paysage ou couvert de pierres brisées pour le matérialiser. Attestée en français au XIIe siècle, la « route » se fit aussi anglaise vers 1200, illustrant progressivement les nombreux sens français, dont l’expression « en route », tantôt injonction, tantôt constat d’une situation mobile. Aux vaisseaux spatiaux américains d’être ainsi à leur tour « **en-route** to Venus, Jupiter, Saturn and Uranus », s’exclame-t-on dans la revue *Nature* en octobre 1978. De fait, même au fin fond de l’espace, ils risquent peu de se trouver dans un « cul-de-sac ». Synonyme d’impasse apparu en 1307 en français, il est, en effet, repris en anglais en 1738 en tant que voie sans issue, mais aussi vers 1800, en tant que terminaison anatomique de l’œsophage. En 1763, était d’ailleurs attesté en anglais le mot **impasse**, prioritairement employé au sens figuré. En 1902, s’installait aussi le **garage,** mais pas la « voie de garage »… Un garage pour y garer, dira le **chófer** espagnol, un **camión** ou une **bicicleta**. C’est indéniable : les mots prennent aisément la route !

“GUIDON”

Langue vietnamienne : « Anh ấy đang cầm **ghi dông** của chiếc xe đạp. »
Exemple d’un manuel vietnamien.
Il tient le guidon du vélo.

Au cours de la période coloniale, l’influence du français sur la langue vietnamienne fut sensible. Si elle reste toujours perceptible dans le domaine de l’alimentation avec, par exemple, des mots comme le **cà-phê** dans sa tasse, le **pa tê** ou le **giăm bông** sur le **bánh mi**, le pâté ou le jambon sur le pain de mie et, pour finir, une coupe de **sâm panh** (champagne), le vocabulaire des transports n’est pas moins riche de mots français. Ainsi, retrouvera-t-on l’**ô-tô**, son **mô-to** et son **vô-lag**, son moteur et son volant et, s’agissant de la bicyclette, on repèrera aisément son **ghi-dông** et sa chaîne, **sên**. Le « guidon » est également attesté en anglais dès 1540, mais il gardera son sens premier que Furetière définit ainsi en 1690 : « Drapeau ou estendard d’une compagnie de Gendarmes, & de plusieurs compagnies de Cavalerie », le guidon étant d’abord l’étendard servant de guide avant de devenir tardivement, en 1892, la partie de la bicyclette permettant de la diriger. Alors, pas de confusion, « a **porte-guidon** » n’est pas en anglais une bicyclette, mais le soldat qui porte l’étendard.

TOUR DE FRANCE

Cité dans l'imposant *Oxford English Dictionary*, l'appellation même de « Tour de France » y bénéficie de la toute première attestation en anglais extraite du Times : « The **Tour de France** cyclist competition ended today », le Tour de France s'achève aujourd'hui, en l'occurrence, cette année-là, le 23 juillet 1922. Point de Tour de France, cela va de soi, sans « maillot jaune » porté par le coureur premier au classement général, et ce depuis 1919. La formule colorée « maillot jaune » – peut-être liée aux pages jaunes du journal *L'Auto*, organisateur de la course – franchissait lexicalement la Manche dans les années 1930 : « I know guys who had rather have the **maillot jaune** than the Nobel Prize if you gave them the choice », je connais des gars qui préféreraient avoir le maillot jaune plutôt que le prix Nobel si vous leur donniez le choix, s'exclame la romancière américaine Kay Boyle en 1938 dans son roman *Monday Night*. Elle n'aurait sans doute pas imaginé que le Tour de France puisse passer par l'Angleterre en 1974, puis en 1994 et, mieux encore, qu'il prendrait son départ à Londres en 2007. Troisième événement sportif le plus regardé au monde, il ne fait aucun doute qu'il offre une vitrine à la France, touristique mais aussi linguistique. On n'en voudra pas à Pierre Dac d'avoir fait preuve d'un humour assurément tout britannique en affirmant de manière imparable que « sans l'invention de la roue, les coureurs du Tour de France seraient condamnés à porter leur bicyclette sur le dos ».

« COUPÉ-CABRIOLET »

Langue anglaise : « There we met with his **coupé** and the fair Ravennese en route. »
Thomas Medwin, *The Angler in Wales*, 1834.
Là, nous avons rencontré son coupé et le beau Ravennate en route.

Belle image que celle offerte par Marcel Proust, en 1913, dans *Un amour de Swann*, décrivant « un coupé qui passait dans la rue avec ses chevaux fleuris de roses au frontail ». Attesté en 1660, ce type élégant de « carrosse coupé » est une voiture fermée à quatre roues, généralement à deux places, ayant la forme d'une berline dont on aurait coupé la partie avant. Le mot fut tout naturellement repris pour l'automobile d'allure sportive à deux portes. On le retrouve tel quel en anglais et en italien, ou bien adapté, avec l'allemand **Kupee** et le russe **kabriolet**. Depuis 1930, on repère aussi en français et en anglais le **coupé-cabriolet** dont le toit peut s'ouvrir. D'abord voiture à cheval, légère et montée sur deux roues, on l'appela cabriolet en raison de son mouvement sautillant, par analogie avec la cabriole, du latin *capreola*, la chèvre sauvage. « She might have thought I was trying to impress her », elle aurait pu penser que j'essayais de l'impressionner, écrit en 2014 Tom McCulloch dans *The Stillman*, « when I chose the black **cabriolet** », quand j'ai choisi le cabriolet noir. Superbe, mais dont on ne dira pas la marque.

“BAGAGE”

Langue portugaise : « Não se esqueça de pegar sua **bagagem** na esteira antes de sair do aeroporto. »
Indication donnée dans un aéroport.
N’oubliez pas de prendre vos bagages sur le tapis roulant avant de quitter l’aéroport.

« Équipage de gens de guerre qu’on porte sur des chariots, sur des charrettes, & sur des chevaux. *Plier bagage*, c’est s’en aller d’un lieu pour n’y pas revenir. *Notre temps a plié bagage*, phrase burlesque pour dire qu’on est vieux. » Telle est la toute première définition du mot « bagage » offerte par Richelet en 1680. Né en 1265, le mot donne d’emblée lieu à une formule d’ordre guerrier : « Capituler avec armes et bagages ». Il sera parfois au XVIe siècle synonyme de choses encombrantes, puis, le chemin de fer aidant, associé à de nouvelles notions telles que les bagages à main ou enregistrés. En 1880, relevé chez Flaubert, est attesté le « bagage intellectuel », redonnant du panache à l’ensemble des sens, pour beaucoup repris dans d’autres langues. On retrouve le mot tel quel en néerlandais, en suédois, en danois, en allemand, mais devenant **bagaglio** en italien, **bagaj** en russe, **bagažas** en lituanien, **bagagem** en portugais. Alors, dans l’un des bagages pourquoi ne pas ajouter, publié en 1937, *Le Voyageur sans bagage* de Jean Anouilh ?

“BON VOYAGE”

Langue allemande : « Wie oft kann man **Bon voyage** zu jemandem sagen, der wirklich zu eine Reise aufbricht ? »
Sous-titrage de *The Bon Voyage reaction*, 2013.
Combien de fois pouvez-vous dire bon voyage à quelqu’un qui part vraiment en voyage ?

« *Voyage ou voiage*, long ou lointain, accompli », insiste en 1571 Maurice de La Porte dans ses *Épithètes* à propos de ce mot, attesté en 1480 et issu du latin *viaticum*. Quant à Richelet, il ouvre, en 1680, son article par une remarque de prononciation : « Quelques-uns prononcent *véage* mais mal. » Et suit la toute première définition : « Chemin qu’on fait pour aller en quelque lieu plus ou moins éloigné. » Enfin, dès 1718, l’Académie française, listant quelques usages bien ancrés tels que « voyage par mer, voyage par terre, faire voyage en carrosse », offre la formule née au XVIe siècle et devenue rituelle : « Je vous souhaite bon voyage. » Elle allait se répandre, entre autres, en Angleterre, encore renforcée, dès le XXe siècle, par divers films intitulés ***Bon voyage***, d’Alfred Hitchcock en 1944, de James Neilson en 1962, de John Fawcett en 2006, sans oublier des téléfilms britanniques et néerlandais en 1985 et 2011. « **Bon voyage** ! the concierge yelled after him », lui cria le concierge, dans *Detective Fiction* de Cornell Woolrich en 1936, et le 3 août, était créé le billet de train de congé annuel en France. Bon voyage à tous !

BON VOYAGE ET GRAND TOUR…

Il y a plus grand malheur : « Sent upon the **Grand Tour** by an obliging uncle, he had lost his heart to a French girl », envoyé sur le Grand Tour par un oncle obligeant, il livra son cœur à une jeune fille française, écrit en 1949 Elizabeth Goudge, dans *Gentian Hill*. Attestée en anglais, en 1678, cette formule inusitée en français, le « Grand Tour », avec une majuscule à chacune des initiales dans la langue de Shakespeare, désigne le long voyage que les jeunes Britanniques de classe aisée étaient censés effectuer en Europe. La destination privilégiée en était la France et l'Italie, l'Allemagne, la Suisse et la Hollande. Ce « Grand Tour » pouvait durer plus de deux ans, forgeant l'éducation aristocratique des heureux élus. En vérité, le mot français « tour », attesté en 1080, avait pris pour acception particulière au XVIIe siècle le « tour de pourmenade » évoqué en 1640 dans les *Curiositez françoises* d'Antoine Oudin. En tant que circuit partant de chez soi pour y revenir, ce « tour » fut alors adopté en anglais. De là vint le **Grand Tour**, mais aussi, dès 1772, les mots anglais **tourist** et **tourism** que nous adopterons. La personne effectuant le « Grand Tour » fut gratifiée du titre de **grand-tourist**, et cette pratique bénéficia même d'un verbe : « He grew up to be a lord who **grand-toured** Europe's mountains and cities » : il a grandi pour devenir un lord qui a fait le Grand Tour des montagnes et des villes d'Europe, rappelle en 2001 Robert Crawford à propos de maints lettrés dans *The Modern Poet*. Et si chacun grandissait aussi en effectuant le plus beau des voyages, ce grand tour infini des mots.

Mots et expressions pour célébrer l'art de vivre à la française

Ah, ce charme français !

La gastronomie de renommée

Sommaire

Mots et expressions pour échanger sur la société au fil du temps

Mots et expressions pratiques et distrayants

Les 100 Choses à avoir faites au moins une fois dans sa vie à Paris
(Figaroscope, 2013)

100 pièges à éviter pour écrire et parler un excellent français
(Le Figaro littéraire, 2014)

100 choses à avoir faites au moins une fois dans sa vie à Paris avec ses enfants
(Figaroscope, 2014)

100 bonnes & mauvaises manières à connaître dans la vie. Le guide du bien élevé
(Le Figaro, 2015)

Les 100 Citations et Locutions pour ne pas perdre son latin
(Le Figaro littéraire, 2015)

100 expressions héritées de l'Histoire
(Le Figaro littéraire, 2015)

100 anglicismes à ne plus jamais utiliser !
(Le Figaro littéraire, 2016)

100 bonnes & mauvaises manières à connaître. Le guide du bien élevé en vacances
(Le Figaro, 2016)

100 lieux du patrimoine français à avoir vu au moins une fois dans sa vie
(Le Figaro, 2016)

100 pour cent chic - Le guide de l'élégance au masculin
(Le Figaro Magazine, 2016)

Aux origines des 100 superstitions qui hantent ou réjouissent notre quotidien
(Le Figaro, 2017)

Le Tour de France des 100 péchés mignons
(Le Figaro, 2017)

100 lieux pour se ressourcer en France
(Le Figaro Magazine, 2017)

100 lieux qui ont fait la France
(Le Figaro Magazine, 2017)

100 expressions savoureuses à partager entre petits et grands
(Le Figaro, 2017)

100 châteaux qu'il faut connaître à Bordeaux
(Le Figaro Vin, 2018)

Les 100 Inventions qui font la fierté de la France
(Le Figaro Magazine, 2018)

Les 100 Expressions à éviter au bureau et ailleurs
(Le Figaro, 2018)

Les 100 Romans français (qu'il faut avoir lus)
(Le Figaro littéraire, 2018)

Les 100 Poèmes (qu'il faut absolument connaître)
(Le Figaro littéraire, 2019)

Les 100 Répliques cultes du cinéma français
(Le Figaro, 2019)

Les 100 Plus Belles Lettres de la langue française
(Le Figaro littéraire, 2020)

Les 100 Citations de philosophie les plus précieuses
(*Le Figaro littéraire*, 2020)

Les 100 Dates vraiment clés de l'histoire de France
(Le Figaro histoire, 2020)

Les 100 Héroïnes de la littérature
(Le Figaro littéraire, 2021)

Les 100 Plantes qui soignent
(Le Figaro, 2021)

Les 100 Personnages cultes de la BD
(Le Figaro, 2021)

Les 100 Héroïnes de l'art
(Madame Figaro, 2021)

Les 100 Expressions inspirées de l'art
(Le Figaro littéraire, 2021)

Les 100 Héros de la littérature
(Le Figaro littéraire, 2022)

Pour en finir avec les 100 fautes de français qui nous agacent
(Le Figaro littéraire, 2022)

Les 100 Règles du savoir-vivre
(Le Figaro, 2022)

100 mots & expressions employés à mauvais escient
(Le Figaro littéraire, 2022)

100 mots à connaître (d'urgence) pour rehausser un discours (ou une conversation)
(Le Figaro littéraire, 2022)

Au bureau aussi : 100 règles de la courtoisie et du savoir-vivre
(Le Figaro, 2023)

Les 100 Séries cultes (qu'il faut avoir vues dans sa vie)
(Le Figaro, 2023)

Les 100 Expressions favorites de nos grands-mères
(Le Figaro littéraire, 2023)

Jean Pruvost, professeur d'université émérite, directeur éditorial des éditions Honoré Champion, est également depuis 1993 le directeur de la *Journée des dictionnaires*.

Il est l'auteur d'environ 800 publications dont plus de 50 livres, parmi lesquels deux *Que sais-je ?*, *Les Secrets des mots* en 2019, *La Politesse au fil des mots et de l'histoire* en 2022, un *Dictionnaire du vin, de la bière et du champagne* en 2023, ainsi que *Marcel Proust, psychologue original, dans les dictionnaires* et *Comment en finir avec les 100 fautes de français qui nous agacent* suivis de *100 mots pour rehausser le discours ou la conversation* aux éditions du Figaro littéraire. Prix Logos en 2000 pour *Dictionnaires et nouvelles technologies*, Prix de l'Académie française en 2006 pour *Les Dictionnaires français, outils d'une langue et d'une culture*, il se passionne pour l'histoire de la langue française et son lexique. Il possède plus de 10 000 dictionnaires et se définit volontiers comme un incurable dicolâtre… Il a donné plus de 5 000 chroniques de langue radiophoniques et télévisées En 2019, lui étaient décernés par le Cénacle européen francophone le prix Émile-Littré et, par l'Académie française, La Grande Médaille de la francophonie. Son « violon » d'Ingres est la guitare…

Société du Figaro. Siège social, 14, boulevard Haussmann, 75009 Paris.
Président : Charles Edelstenne.
Directeur général, directeur de la publication : Marc Feuillée.
Directeur général adjoint : Jean-Luc Breysse.
Directeur des rédactions : Alexis Brézet.
Directeur du Figaro littéraire : Etienne de Montéty.
Auteur : Jean Pruvost.

Éditeur : Robert Mergui.
Maquette : Sophie Trotin et Sarah Zanet.
Couverture : Sophie Trotin.
Création : Sophie Trotin.
Correction : Joseph Castaldo.
Responsable de la diffusion : Sophie Miton.
Chargée de communication : Marie Berthaud.
Directrice de la production : Corinne Videau.
Directrice de la fabrication : Emmanuelle Dauer.

Crédit photo couverture et ouvertures de chapitres : Adobe Stock.

ISBN : 978-2-8105-1026-9

Achevé d'imprimer en décembre 2023 sur les presses de l'imprimerie Pollina, France.
Imprimé sur papier Magno Natural 110 g produit par Sappi.